고정관념은 왜 생기나요?

타니아 로이드 치 지음
드류 섀넌 그림 | 김선영 옮김

# 고정관념은 왜 생기나요?

라임

## 차 례

# 모두에게
# 공정한 세상을 꿈꾸며

우리의 뇌는 끊임없이 주위 세계를 분류하고 이름표를 붙인다. 이름표 붙이기는 우리가 아주 어린 아기일 때부터 시작된다. 다리가 네 개면서 캉캉거리는 저것은? 강아지다! 바닥에서 통통 튄다면? 음, 공이다. 장난감은 빵과 다르고, 빵은 우유와 다르다.

우리에게는 이렇게 저렇게 분류할 범주, 즉 카테고리가 필요하다. 만약 카테고리가 없다면 아침마다 옷장 문을 열고 깊은 고민에 잠기게 될 것이다. 어떤 옷을 다리에 끼

울까? 팔에는? 어디 그뿐일까? 책상 서랍을 열고서도 한참 동안 물끄러미 바라보며 고뇌하지 않을까? 어떤 것으로 글씨를 쓰고, 어떤 것으로 잘못 쓴 글자를 지울지 고민하느라……

사실 우리 뇌는 '사물'만 분류하는 것이 아니다. '사람'도 분류한다. 거기서부터 삶이 복잡하고 까다로워진다.

우리가 사람을 어떤 카테고리로 분류한 뒤 그 안에 속한 사람은 모두 똑같은 특성이 있다고 (당연하다는 듯이) 생각하는 것, 그것을 '고정관념'이라고 한다. 가끔씩 고정관념은 사실에 근거한 것처럼 보이기도 한다.

컴퓨터 게임을 하는 아이들을 머릿속에 떠올려 보자. 남자아이들이 떠올랐다면? 뭐, 틀리지는 않았다. 게임을 즐겨 하는 사람 중에 약 60퍼센트가 남성이니까. 그렇지만 게임을 하는 사람이 모두 남성인 것만은 아니니, 이 고정관념 또한 진실은 아니다.

머릿속의 '사람별 카테고리'에만 기대다가는 자칫 잘못 생각하는 수가 있다. 더구나 잘못된 결론으로 성급히 건너뛰게 되면, 특정한 사람들한테 부당한 행동을 취할

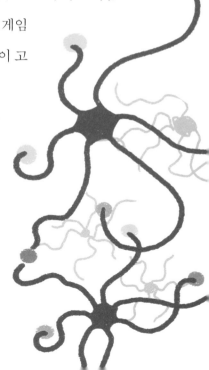

수도 있다.

- 미국에서 젊은 흑인 남성은 경찰에게 살해당할 확률이 백인 남성에 비해 아홉 배나 높다.
- 여학생은 중학교까지는 과학 과목을 남학생과 똑같이 잘한다. 그런데 한국, 스웨덴, 벨기에, 독일, 오스트레일리아 등 많은 국가에서는 여자가 대학 이상의 과정에서 과학 분야 학위를 따는 경우가 남자에 비해 훨씬 적다.
- 캐나다에서 퍼스트 네이션스(유럽인이 캐나다에 들어오기 전부터 터전을 잡은 첫 민족.—옮긴이) 보호 지역의 어린이들은 정부의 교육 및 건강 지원금을 다른 어린이들보다 덜 받는다.
- 다문화 가정의 청소년은 학교에서 괴롭힘을 당할 확률이 그렇지 않은 가정의 동급생과 비교했을 때 두 배가 높다.

하나같이 부당하다. 이런 부당함의 주된 원인은 우리가 사람을 카테고리로 분류하는 방식 때문이다.

이렇게 하면 어떨까? 사람을 인종이나 성별, 성 정체성으로 분류하는 일을 당장 그만두는 거다. 고정관념이라는 것을 이참에

끝장내는 것이다. 법과 교칙을 바꾸는 것을 넘어, 우리의 두뇌까지 싹 다 바뀌 버리자. 가능한 한 빨리!

안타깝지만 이 문제는 그렇게 호락호락하지가 않다. 사실 고정관념은 제대로 알아차리기가 어렵다. 없애는 건 더더욱 힘들다. 그야말로 어떻게 해야 고칠 수 있을지 난감하다.

여기서 과학이 등장한다. 백여 년 전부터 과학자들은 우리가 다른 사람을 어떻게, 그리고 왜 나누는지 알아내기 위해 노력했다. 최근 들어서 그 연구에 속도가 붙었다.

과학자들은 두뇌의 신경 경로가 고정관념의 생성과 반응에 어떤 방식으로 영향을 미치는지 탐구 중이다. 우리가 그러지 않으려고 할 때조차 왜 계속해서 다른 사람을 분류하고 판단하는지, 그 이유에 관해 속속들이 파고들고 있는 셈이다. 좀 더디긴 하지만 분명히 우리의, 아니 우리 사회의 생각 프로그램을 다시 짤 방법을 찾아가고 있다.

기나긴 과정이긴 해도, 그리 오래지 않아 과학자들은(그리고 행동가들과 의사들과 선생님들과 정치가들, 더 나아가 여러분과 같은 독자들은) 서로서로 도와 이 세상을 모두에게 더 공정한 곳으로 만들 수 있을 것이다.

# 우리가 만들어 내는 생각

## 제1장

어느 과학자의 말에 따르면, 우리 유전 암호에 고정관념이 아예 새겨져 있다고 한다. 자기 가족과 부족을 알아보기 위해 그렇게 진화한 거라나? 그렇다면 수천 년 전에는 살아남기 위해서 꼭 필요한 능력이었을지도 모른다.

또 다른 연구자에 의하면, 고정관념은 가지고 태어나는 게 아니라 부모에게서 배우고 사회로부터 받아들이는 것이라고 한다. 그것이 유용하다는 걸 깨닫고 재빠르게 배운 다음 내려놓기를 주

저하고 있는 거라나?

어느 쪽이든 우리 모두에게 고정관념이 있다는 얘기다.

아래와 같은 이름표를 한번 생각해 보자.


- 테러리스트
- 고령층
- 힙합 가수
- 환경 운동가


이 이름표들은 여러분의 머릿속에 어떤 이미지를 만들어 낸다. 그걸 캡처해서 친구의 머릿속 이미지와 비교해 보면 아마도 상당히 비슷할 것이다. 머릿속 이미지에서 고령층은 안경을 쓰고 있고, 테러리스트는 총을 들고 있다. 힙합 가수는 문신이 있으며, 환경 보호 운동가는 채식을 즐겨 한다.

이런 순간적인 이미지는 머릿속 지름길로써 꽤 유용하다. 새로 사귄 친구가 환경 운동에 아주 관심이 많다고 치자. 친구를 초대해 점심을 같이 먹는다면, 머릿속 고정관념 덕택에 이렇게 배려할 수 있다.

"우리, 채식 메뉴로 먹을까?"

그렇지만 다른 방식의 고정관념은 아주 무섭다. 고정관념은 우리에게 상대를 부당하게 판단하도록 이끌기도 하니까. 상대에 대해 미처 제대로 알기도 전에…….

## 기이한 두개골 이론, 우생학

1800년대 과학자들은 사람을 분류할 기준을 찾느라 몹시 분주했다. 가장 먼저 두개골을 측정했다. 두개골의 모양과 두뇌의 크기가 지능에 영향을 미친다고 증명하고 싶어 했다. 심지어 콧잔등의 너비나 눈 사이의 간격을 재기도 했다.

그런데 여기에는 한 가지 문제점이 있었다. 이들이 보여 주고자 했던 것은, 상류층 백인이 최고의 인류라는 고정관념에서 출발한다는 점이다. 과학자들은 자신의 고정관념을 정당화하려고 무진장 노력했다!

몇몇 과학자들은 이런 연구를 아주 집요하게 이끌어 갔다. 그중에서 가장 영향력이 있었던 사람은 영국 출신의 프랜시스 골턴이었다. 골턴은 통계, 사회, 두뇌, 지리, 날씨, 청각 기관에 이르기까지 상상할 수 있는 모든 것을 연구했다. 지문 분류 방법이나 폭풍우 추적 방법 같은 것도 고안했다.

골턴에게 친척이 있었는데, 바로 다윈이었다. 맞다, 진화론을 제안한 그 찰스 다윈이다. 이 저명한 친척 덕에 골턴은 형질이라는 것이 부모 세대에서 자녀 세대로 전달된다는 걸 알았다. 그중에서 가장 강인한 개체가 살아남는다는 사실도 알게 되었다.

골턴은 이 개념들을 합쳐 기괴한 이론을 하나 내놓았다. 바로 우생학이었다. 골턴은 사회에서 성공한, 그러니까 똑똑한 사람들이 자신들의 특질을 자녀에게 물려준다면 문명을 발전시키기가 훨씬 더 수월하리라고 생각했다.

정부에서 똑똑한 사람들에게 자녀를 더 낳으라고 돈을 주어야 한다나! 골턴은 똑똑한 부모들이 다수의 똑똑한 자녀를 태어나게 하면 인류의 지능이 점점 더 높아질 것이라고 믿었다. (덜 똑똑한 사람들에게는 그다지 좋은 소식이 아니다. 가정을 갖는 것부터 막혀 버릴 테니까. 그렇지만 골턴은 그들을 그다지 염려하지 않았던 것 같다.)

## 잘못된 판단을 이끌어 내는 용어 네 가지

우리가 다른 사람들을 카테고리에 따라 함부로 분류한 뒤 잘못 판단하는 방식을 일컬을 때 쓰는 용어가 몇 가지 있다.

### 편견(편파성)

영어에서 '편견(Bias)'이라는 단어는 1530년대에는 그냥 기울어진 선이라는 뜻이었다. 오늘날 편견은 한쪽으로 치우친 판단을 말하는 데도 쓰인다.

우리가 편파적인 판단을 내리는 이유는 각자 머릿속의 믿음이 사고를 한쪽으로 쏠리게 만들기 때문이다. 예를 들어, 여러분이 녹색 채소를 무척 싫어한다면, 무조건 브로콜리는 나쁘고 당근은 좋다고 생각할지도 모른다.

## 차별

저녁 식사 재료로 브로콜리 말고 당근을 고른 것은 브로콜리와 당근을 구별한 것이다.

수백 년 전만 해도 영어 단어 '차별(Discrimination)'은 구별(Discrimination between)의 뜻으로 쓰였다. 1800년대에 들어서면서 미국에서 노예제 철폐를 위한 싸움이 본격화되자, 이 단어에 차별 대우(Discrimination against)라는 새로운 뜻이 생겼다. 곧이어 사람을 인종에 따라 부당하게 대한다는 뜻도 더해졌다.

오늘날의 우리는 차별이 여러 가지 다른 이유로 이루어진다는 것을 안다. 차별은 성별이나 성 정체성으로도 생겨난다.


## 선입견

선입견은 겪어 보지도 않고 미리 어떤 의견을 가진다는 뜻이다. 가지를 한 번도 먹어 보지 않고도 무작정 싫어한다면 일단 선입건이 있는 셈이다. 어쩌면 딱 한 번 먹어 본 가지에서 탄 맛이 너무 나서, 그 뒤로 가지 요리는 모두 최악이라고 생각하는 것일 수도 있다. 그것 역시 섣부른 판단이고 선입견이다.

이런 선입견이 단지 채소에 한해서 나타난다면 그다지 큰일이 아니다. 그렇지만 특정 인종이나 종교, 사회 계층에 반영된다면 정말로 큰일이다.

### 고정관념

영어에서 고정관념(Stereotype)은 1920년대까지만 해도 인쇄 기법인 연판법(볼록 튀어나온 금속판에 잉크를 묻혀서 인쇄하는 방법. ─옮긴이)을 뜻했다.

그러다가 미국의 언론인이자 철학자인 월터 리프먼이 등장했다. 리프먼은 사람들이 글을 읽을 때 각자의 경험을 바탕으로 머릿속에 이미지를 만들어 낸다고 생각했다.

리프먼의 말대로라면 사람들은 기사를 읽거나 정치인의 이야기를 들을 때 정보를 명확하게 판단하지 않는다. 그 대신, 정보를 각자 머릿속의 이미지에 맞춰서 바꾼다. 각자가 세계를 이해하는 방식에 맞추어 정보의 사본을, 다시 말해 고정관념을 만들어 내

는 것이다.

예를 들어, 세상에 태어나서 녹색 채소라면 오직 브로콜리만 먹어 본 사람은 매우 당연한 듯이 시금치·배추·양배추 등 녹색을 띤 채소를 모두 브로콜리 맛이라고 생각할 수 있다.

리프먼이 고정관념이라는 단어에 새로운 뜻을 더할 때 인종에 대한 고정관념을 딱히 염두에 둔 것은 아니었다. 그런데 얼마 지나지 않아 리프먼의 이 용어가 아주 널리 쓰였다. 곧 전 세계 곳곳에서 인종으로 사람을 분류하는 일에 저항이 일기 시작했다.

미국에서는 1920년에 여성이 선거권을 얻었다. 그렇지만 남부의 주들은 세금이나 자격 시험 등의 각종 치사한 방법을 동원해서 흑인 여성들이 투표장에 오지 못하도록 막았다.

비슷한 시기에 마하트마 간디는 영국의 인도 식민 지배에 대항해 투쟁했다. 영국이 수세기에 걸쳐서 인도 사람들을 차별하고 있었기 때문이다. 캐나다는 중국인의 이민을 금지하고 일본인의 이민을 엄격하게 제한했다. 그때 유럽에서는 더 경악할 일이 기다리고 있었다…….

## 세상을 지배할 인종을 선별한다고?!

1890년대부터 1900년대 중반에 이르기까지 세계는 더 강인한 인간을 창조하고, 자녀를 가질 인간을 선별하고, 지배자 인종을 만들겠다는 이론들로 들썩였다.

고정관념을 설명하는 용어 같은 건 아예 나오기도 전이었다. 과학자와 교수, 정치인들이 열심히 고정관념을 창조해 냈다.

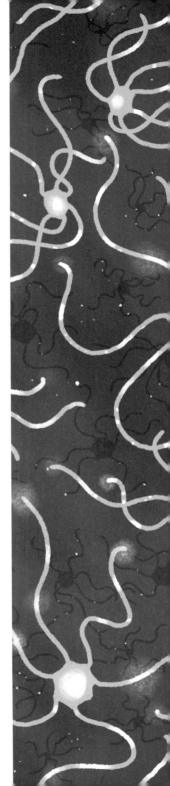

### 1891년 독일, 빌헬름 샬마이어

빌헬름 샬마이어는 의사들이 병들고 '약한' 사람을 치료함으로써 문명을 몰락으로 이끌고 있다고 생각했다. 강자를 돕고, 그 외의 사람들은 그냥 없어지게 놔두는 편이 낫다는 것이다.

### 1899년 프랑스, 조르주 V. 드 라푸지

라푸지는 키가 크고 강인한 백인이 최고이고, 지중해 연안의 피부색이 짙은 인종들은 똑똑하지 않다고 믿었다. 그래서 이들을 상류층 지도자와 하류층 노동자로 분리하자고 주장했다. 라푸지는 여섯 가지 언어를 말할 줄 알았기에, 이 황당한 이론을 다양한

언어로 설명했다. 영어, 독일어 등등……

### 1910년 미국, 찰스 대븐포트와 거트루드 대븐포트

미국의 갑부인 이들은 상류층 백인들이 자녀를 많이 가져야 한다고 주장했다. 하류층 사람들, 그중에서도 이민자들은 단 한 명의 자녀도 두어선 안 된다나? 심지어 '부적합한' 어머니는 아이를 가질 수 없도록 수술을 받게 하자고 떠들어 댔다.

### 1933년 독일, 알프레드 플뢰츠

플뢰츠는 정부가 부모를 선별해야 한다고 생각했다. 정부가 나

서서 아이를 낳기에 충분할 만큼 누가 건강하고 강인한 사람인지를 먼저 결정해야 한다는 것이다. 플뢰츠가 자신의 아이디어를 실행에 옮겨 줄 최적의 지도자라고 꼽은 사람은 바로 아돌프 히틀러였다.

히틀러와 나치당은 1933년에 독일의 정권을 잡았다. 그 시대의 많은 연구자와 작가들에게 영향을 받은 히틀러는 지배자 인종을 창조하기로 마음먹었다. 세계는 키가 크고 강인하며 파란색 눈동자를 가진 '아리아 인종'이 지배해야 한다나? 그러한 인종 계층의 맨 아래칸은 유대인의 자리였다.

나치당은 유대인을 사회에서 배제하는 것으로 탄압을 시작했다. 우선 유대인들이 땅을 소유할 수 없게 했다. 그러고는 유대인들을 4만여 개의 게토와 억류소, 감옥에 고립시켰다. 마지막으로, 강제 수용소와 가스실에서 조직적으로 몰살했다.

히틀러와 나치당의 표적은 유대인만이 아니었다. 로마니(인도 북부에서 이동을 시작한 뒤, 지금은 유럽 등 전 세계에 흩어져 살고 있는 유랑 민족. 흔히 '집시'라고 불린다. — 옮긴이) 약 20만 명을 살해했고, 공산주의자와 동성애자, 여호와의 증인 신자 및 지적 장애인과

×××겨 붉은개×××

1930년대에 미국 프린스턴 대학교의 연구자들은 학생들에게 10개의 민족을 특정한 성질과 연결 짓게 했다. 그 결과를 살펴볼까?

- 학생의 79퍼센트가 유대인은 약삭빠르다고 생각했다.
- 78퍼센트가 독일인은 과학적으로 사고한다고 생각했다.
- 75퍼센트가 흑인은 게으르다고 생각했다.
- 54퍼센트가 튀르키예인은 잔인하다고 생각했다.

독일인만 특정 인종과 민족에게 편파적인 관점을 가진 것이 아니었다. 고정관념은 대서양의 양쪽 모두에서 번성하고 있었다.

지체 장애인 수십만 명도 함께 살해했다.

히틀러는 가장 극단적인 형태의 고정관념, 선입견, 그리고 차별 위에 자신만의 세계를 세우려고 했던 것이다.

## 무엇이 히틀러의 학살에 침묵하게 했을까?

끼이이익! 모두 중지! 아무래도 뭔가 심각하게 잘못된 듯싶다.

우생학이나 지배 인종 같은 이론으로는 세계가 조금도 나아지지 않았다. 오히려 수백만 명의 생명이 무모하게 살육당했다.

전 세계는 제2차 세계 대전을 통해 고정관념이 몹시 위험하다는 사실을 깨달았다. 많은 정치인과 언론인, 산업계 거물, 종교 지도자가 한목소리로 물었다. 나치 당원의 두뇌에서 무슨 일이 벌어졌는지, 도대체 무엇이 다른 인종을 말살하는 데 그토록 골몰하게 만들었는지, 그 순간에 잠자코 지켜만 본 사람들은 과연 무슨 생각을 하고 있었는지…….

테어도어 아도르노에게는 이런 질문들이 매우 절실했다. 전쟁 전에 아도르노는 독일 프랑크푸르트 대학교의 존경받는 교수였다. 대학에서 철학을 가르쳤고, 문화에 관해 글을 썼으며, 클래식 음악을 작곡했다. 그때만 해도 인생이 자못 근사했다……. 나치가 국가를 장악하기 전까지는 분명히 그랬다.

사실 아도르노는 유대인이었다. 1934년에 나치의 위협을 피해서 영국으로, 그리고 다시 미국으로 건너갔다. 그 후 캘리포니아 주 버클리 대학교에서 사회적 차별에 관한 연구의 공동 책임자를 맡았다.

그 뒤로 1941년부터 1948년까지 칠 년 동안, 아도르노는 전 세계에서 무슨 일이 벌어졌던 것인지 파악하는 데 몰두했다. 유대인들이 사회에서 쫓겨나고 핍박받다가 결국 살해당하는 것을 온 세계는 어떻게 가만히 지켜만 보고 있었을까?

1950년, 아도르노는 공동 집필로 《권위주의 성격》이라는 책을 펴냈다. 그는 권위주의자들이(특히 히틀러처럼 강압적이고 "내가 다 알아."라고 외치는 유형의 지도자들이) 세계를 엄격한 카테고리로 나눠서 본다고 생각했다. 그들은 오로지 복종과 조직에만 가치를 부여했다. 이런 유형의 사람들은 대개 다른 사람을 고정관념이 가득한 시선으로 바라보았다.

아도르노 이론의 토대는 대부분 직접 겪고 관찰한 개인적 경험에서 비롯되었다. 최근 수십 년 동안 과학자들은 아도르노의 이

론을 검증하기 위해 많은 자료를 수집하고 다양한 연구를 진행했다. 연구를 거듭하면 할수록 아도르노의 생각이 옳았다는 것이 증명되었다.

- 세계 여러 나라에서 진행된 다양한 연구에 따르면, 우파 성향의 권위주의는 대개 선입견으로 이어진다.
- 자신이 더 강력하고 더 나은 집단에 소속되어 있다고 굳게 믿는 사람들은 상대적으로 약한 집단을 차별할 확률이 높다.

××× 떠오르는 대로 그리기 ×××

자, 다 함께 수학 교수님을 그려 보자. 깊이 생각하지 말고 빠르게 그리되, 다 그리기 전에는 아래 내용을 읽지 않아야 한다. 오케이?
다 그렸다면 여러분의 그림에, 아래에서 말하는 고정관념이 몇 가지나 해당하는지 찾아보자.
여러분이 생각하는 수학 교수님은 안경을 쓰고 있을까? 남성인가? 말랐을까? 모범생 스타일인가? 머리카락이 사방으로 마구 뻗쳤을까?
이건 모두 전형적인 고정관념이다. 이런 고정관념은 그림만으로는 심각한 문제가 아니다. 그렇지만 여러분이 여학생이고, 미래의 직업으로 수학 교수를 염두에 두고 있다면 무척 심각한 문제가 될 수 있다. 열다섯 살 소녀의 입장이라면, 이 그림을 통해 과연 자신의 미래를 제대로 상상할 수 있을까?

- 세상을 양극단으로(흑과 백, 선과 악, 상류층과 하류층으로) 생각하는 사람들은 누군가를 차별할 확률이 높다.

인종 차별주의에 관한 연구는 미국 하버드 대학교 교수인 고든 올포트가 1954년에 《편견》을 출간하면서 크게 도약했다. 올포트는 고정관념이 사람의 두뇌에 존재하는 단편적인 사실이나 조합이 아니란 점을 깨달았다. 고정관념은 우리가 세계를 생각할 때 습관적으로 쓰는 사고방식이라는 것이다. 물론 주위에서 무의식적으로 받아들이는 것이기도 하다.

## 내가 속한 집단이 최고!

경축! 여러분이 속한 축구팀이 결승전에 진출하게 되었다. 팀 구성원들의 활약이 어찌나 대

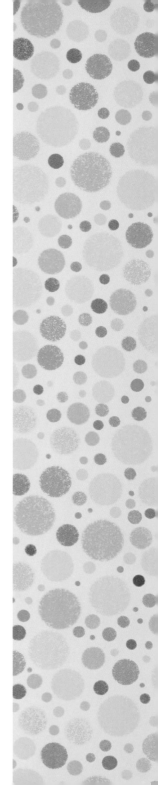

단한지! 공격수는 발이 엄청 빠르고 협업 능력이 매우 뛰어나다. 골키퍼는 다소 과격하지만 승부에서만큼은 항상 정정당당하다. 여러분은 자신의 팀이 무척이나 자랑스러울 것이다.

드디어 결승전이 시작된다. 첫 경기에서 가뿐하게 승리를 거머쥔다. 상대편 선수들은 발이 느린 데다 손발이 전혀 맞지 않는다. 그런데 이런! 두 번째 경기에서는 어이없게 지고 만다.

절대로 절대로 실력이 부족해서가 아니다. 상대편 선수들이 노골적으로 반칙을 한 탓이다. 기회가 있을 때마다 여러분 팀 선수를 팔꿈치로 가격했는데, 심판이 상대편의 반칙을 전혀 눈치채지 못한 것이다.

아, 어디서 많이 들어 본 말 같다고? 조금 과장해서 표현하기는 했지만, 과학자들은 이것을 '외집단 동일성 효과'라고 부른다. 이 어렵고 멋진 이름이 말하는 바는 이렇다. 자기 팀 선수들은 저마다 특기가 있다고 생각하는 반면에, 상대 팀은 한데 뭉뚱그려 루저처럼 굼뜨다고 생각하는 경향이 있다는 것이다.

꼭 축구팀에만 해당하는 얘기가 아니다. 댄스팀, 농구팀, 각종 동아리나 학생회도 마찬가지다. 우리 인간은 늘 자기가 속한 집단을 최고로 친다.

프린스턴 대학교 연구진이 1970년대에서 1980년대에 걸쳐 이 이론의 연구를 하기 시작했다. 집단의 구성원들은 자기 집단 내부에서는 차이점을 분명하게 인식한다. (축구팀으로 예를 들면, "지민이는 발이 빨라. 최고의 공격수지." 또는 "서준이는 큰 그림을 볼 줄 알아. 그래서 미드필더로 완벽해.")

반면에 외부의 상대는 큰 덩어리로 뭉뚱그려서 본다. (축구 용어로 말하면, "상대팀은 죄다 형편없는 놈들이야.")

우리는 왜 이런 식으로 성급하게 결론을 내릴까? 주된 이유는 그렇게 하면 기분이 좋기 때문이다. 내가 속한 집단의 구성원이라는 사실이 자부심을 크게 끌어올린다고나 할까?


## 나랑 같은 편이야?

사람들은 소속감을 매우 좋아합니다!
사람들은 항상 자기 집단이 최고라고 생각합니다!

이런 기사를 읽는다면? 이렇게 말할지도…….

사람들이 특정한 집단에 속해 있다고 생각하게 만드는 데는 많은 것이 필요하지 않다. 한 연구에 따르면, 사람들은 생일만 같아도 서로에게 더 협조적인 태도를 보일 확률이 높아진다.

"나, 참. 당연한 일 아닌가? 세상에, 이런 걸 연구하느라 수십 년을 허비한 거야?"

그렇다. 과학자들이 실제로 그랬다. 그러고는 꽤 근사한 이름을 붙였다. '집단 간 편견'이라나?

진짜로 놀랄 점은 따로 있다. 우리가 집단을 편애하게 만드는 데는 아주 사소한 부분만으로도 충분하다는 사실! 예를 들어, 같은 반 아이들에게 티셔츠를 나누어 준다고 하자. 절반은 녹색으로, 나머지 절반은 주황색으로⋯⋯. 녹색 티셔츠를 입은 아이들은 곧 녹색이 최고라고 생각하기 시작할 것이다.

이런 현상은 어린아이들 사이에서도 쉽게 일어난다. 2011년, 심리학과 교수인 애로 던햄과 그의 연구팀은 유치원에 다니는 아이들에게 녹색과 주황색 티셔츠를 나눠 주었다. 그런 다음, 같이 놀 친구라고 하면서 녹색과 주황색 티셔츠를 입은 또래 아이들의 사진을 보여 주었다.

"여기서 누구하고 놀고 싶어?"

유치원생들은 같은 성별의 아이를 압도적으로 좋아했다. 여자아이들은 여자아이들에게, 남자아이들은 남자아이들에게 더 점

수를 주었다. 그렇지만 자기와 같은 색 티셔츠를 입고 있는 아이
도 좋아했다.

그다음 단계에서는 연구자들이 유치원생들에게 동전을 한 움
큼 쥐어 주었다. 그러고는 이렇게 말했다.

"사진 속 아이들에게 나누어 줄래?"

녹색 티셔츠 아이들은 녹색 티셔츠를 입은 아이들에게, 주황색
티셔츠 아이들은 주황색 티셔츠를 입은 아이들에게 동전을 몇 개
더 주었다. 함께 놀 친구를 고르라는 요청에, 녹색 티셔츠 아이들
은 같은 색 티셔츠를 입은 아이들을 선택했다.

우리는 아주 사소한 부분 때문에 우리와 타인을 하나의 카테고
리에 뭉뚱그려 넣는다. 너무나 당연하게도 '최고'는 언제나 우리

'윌리엄스 신드롬'이라는 유전적 장애가 있는 아이들은 사회적 불안을 경험하지 않는다. 이 아이들은 모두를 아주 친근하게 대한다. 결코 인종으로 상대를 분류하지 않는다. 그런데 성별로는 분류한다.

이 사실은 과학자들에게 우리가 남성과 여성을 분류하는 방식과 피부색에 따라 분류하는 방식이 (두뇌에서) 서로 다르게 작용한다는 것을 증명해 준다.

가 어쩌다 들어가게 된 카테고리다. 말하자면 우리 자신이 우리 머릿속의 영웅인 셈이다.

## 사람의 생각을 지도로 그리다

혹시 소쿠리를 머리에 쓰고 학교에 간 적이 있는지? 시리얼을 모자에 담아 먹은 적은?

둘 다 없을 것이다! 우리는 소쿠리를 주방용품으로, 모자를 외출 복장으로 분류하기 때문이다. 트럼펫은 악기, 수선화는 꽃, 꿀벌은 곤충이라고 인식한다. 이렇듯 우리의 두뇌는 다양한 카테고리로 가득 차 있다.

과학자들은 오랫동안 우리가 옷, 악기, 곤충을 분류하는 방식과 사람을 분류하는 방식이 같은지 알고 싶어 했다. 그렇지만 딱히 알아낼 방법이 없었다. 적어도 수십 년 전까지는 그랬다. 언젠가부터 과학자들은 인간의 생각을 지도로 그리고, 뇌파와 신경 활동을 추적하기 시작했다.

2012년, 보스턴의 과학자들이 MRI 스캐너로 두뇌 활동의 전자기 영상을 찍을 지원자들을 모집했다. 그러고는 실험 참가자들에게 먼저 물체를 분류해 보라고 요청했는데, 두뇌의 두 영역이 (이마엽과 그 아래의 한 지점이) 확연하게 밝아졌다.

그다음에는 사람들을 분류해 달라고 요청했다. 그러자 완전히 다른 영역이 밝아졌다.

이 보스턴 과학자들의 공로로 이제 우리는 사람을 분류할 때 물체를 분류할 때보다 훨씬 더 다양한 두뇌 영역을 쓴다는 사실을 알았다. 사람을 분류할 때 쓰이는 영역에는 사회적 지식을 다루는 영역도 포함된다.

눈앞에 장화가 한 켤레 보인다면, 여러분은 곧장 신발 카테고리를 머릿속에 떠올릴 것이다. 그렇지만 장화를 신은 아이돌 멤버가 보인다면, 두뇌는 카테고리 때문에 폭발할 지경에 이른다.

'소녀다. 가수다. 슈퍼스타다. 사인! 사인을 받아야 한다. 사인을 해 달라고 해도 될까? 안 될까?'

여러분은 결론을 내리기 위해 온갖 고정관념을 다 끌어다가 적용하고 다양한 사회적 단서를 따진다. (그나저나, 여러분이라면다 사인을 요청할 것인지 궁금…….)

## 아기한테도 편견이 있다고?

우리는 애초에 이렇게 태어나는 것일까?
아니면 태어나 자라면서 선입견을 배우는
것일까? 그에 대한 대답은 '흑과 백'처럼 딱
잘라 말하기 어렵다.

야이어 바르-하임은 이스라엘 텔아비브
대학교의 심리학 및 신경 과학과 교수다.
2006년에 바르-하임은 아기들이 얼굴에 어
떻게 반응하는지를 주제로 논문을 발표했
다. 그의 연구에는 세 집단의 아기가 나온다.

• 이스라엘의 백인 가정에서 자라는 백인 아기
• 에티오피아의 흑인 가정에서 자라는 흑인 아기
• 이스라엘 이민국 센터에서 자라는 흑인 아기.

이 센터에는 다양한 피부색의 보육자와 직원들이 있다.

바르-하임은 각각의 아기들에게 백인의 얼굴과 흑인의 얼굴을 보여 주었다. 백인 아기들은 백인의 얼굴을 더 오래 쳐다보았다. 에티오피아에 사는 흑인 아기들은 흑인의 얼굴을 더 오래 쳐다보았다. 그런데 이민국 센터에서 자란 흑인 아기들, 그러니까 매일 백인과 흑인에 둘러싸여 자라는 아기들은 특정한 선호도를 보이지 않았다.

이게 무슨 뜻일까? 우리는 인종에 대한 선호도나 고정관념을 가지고 태어나지 않지만, 그런 걸 배우는 능력은 분명히 타고난다는 뜻이다. 즉 주변으로부터 받아들인다는 얘기다. 우리가 무슨 일을 하고 있는지 이해하기 훨씬 전부터 그러한 셈이다. 실험 속 아기들은 고작 생후 3개월이었으니까!

도리어 고정관념을 배우지 않기가 더 어렵다고 할까? 유아기 시절부터 쭉 받아들여 왔으니까. 그 가운데서 어떤 것은 너무 깊게 뿌리내린 나머지, 그런 고정관념이 우리 안에 존재하는지조차 깨닫지 못한 채로 살아간다.

# 고정관념 속의
# 은밀한 메시지

## 제2장

엄마가 저녁에 배달시킬 메뉴를 고르라고 한다. 여러분은 배달 음식 메뉴를 살펴본다. 짜장면, 햄버거, 피자, 떡볶이……. 아, 하나만 정하기가 너무 힘들다. 다 맛있어 보이니까!

결국 각 메뉴의 장단점을 종이에 쭉 써 보기로 한다. 막상 쓰고 나니까 쌀국수가 가격

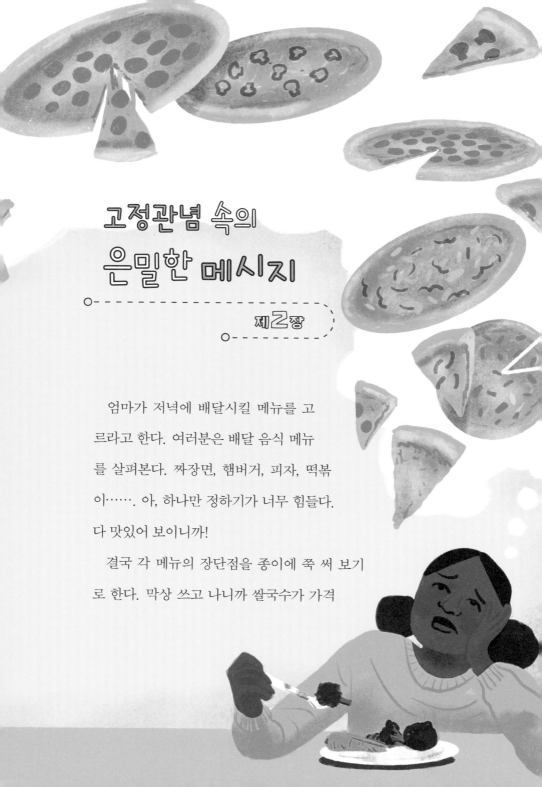

도 괜찮고 영양가도 풍부할 것 같다. 결정한 메뉴를 막상 엄마한 테 이야기하려니까 괜스레 시무룩한 기분이 든다. 사실은 처음부터 피자가 먹고 싶었던 거다!

이성적으로 가장 좋은 답을 알면서도 무의식적으로는 다른 생각을 할 때가 종종 있다. 이것을 과학 용어로 '해리'라고 부른다. 두뇌의 두 영역이 서로 다른 생각을 할 수 있다는 뜻이다. 우리가 미처 깨닫지도 못하는 사이에!

이 개념은 과학자들이 수수께끼를 설명할 때도 자주 쓰인다. 모든 인간이 평등하다는 걸 빤히 알면서도 왜 타인을 편견으로 대하는 걸까? 밝혀진 바에 따르면, 고정관념과 선입견은 우리의 이성적인, 그러니까 '장단점을 쭉 쓸 수 있는 생각' 속에 살지 않는다. 훨씬 더 깊은 곳, 결국엔 피자를 외치고 마는 '숨겨진 생각' 속에 살고 있다.

## '잘못 걸린 전화' 실험

당신은 인종 차별주의자인가? '예, 아니요'로 답하시오.

1950년대에서 60년대에 들어와서는 사람들 대부분이 이 질문에 "아니요."라고 대답했다. 누구나 인종 차별주의가 틀렸다는 걸 잘 알고 있으니까. 그렇지만 많은 사람들이 현실 세계에서 여전히 차별을 하고 있었다. 어떻게 된 일일까? 인종 차별주의자는 없는데 차별은 계속 벌어지고 있다니!

한 가지는 분명했다. 이런 종류의 일을 측정하던 과거의 방법, 이를테면 설문지나 통계 조사표는 더 이상 아무런 의미가 없다는 것. 1971년, 심리학자 새뮤얼 게르트너와 레너드 빅맨은 새로운 방법을 찾아 나섰다. 더 나은 방법을 찾아야 현실 세계에 인종 차별주의가 존재하는지 여부를 확인할 수 있을 테니까.

두 사람은 '잘못 걸린 전화' 실험을 설계했다. 미국 남부 쪽 억양이 강한 흑인 배우와 뉴욕 쪽 억양이 강한 백인 배우를 섭외해서 다음과 같이 말하게 했다.

"거기, 랠프 차량 정비소죠? 나는 조지 윌리엄스라는 사람인데요. 갑자기 차가 도로에 멈춰 서 버렸는데……, 이리로 와서 내 차를 좀 봐주시면 안 될까요?"

전화를 받은 사람은 당연히 이런 식으로 대답한다.

"미안하지만 여기는 정비소가 아닙니다. 전화 잘못 걸었어요."

"아! 정비소가 아니라고요? 저기요, 이거 정말 성가시게 해서 미안한데요. 내가 지금 고속도로에 꼼짝없이 갇혔어요. 마지막 남은 동전으로 겨우 전화를 거는 거예요. 지갑에 지폐는 있는데 동전이 하나도 없어요……. 이거, 정말 꼼짝 못 하게 됐군. 이를 어쩐다?"

물론 그 당시는 휴대전화가 등장하기 한참 전이었다. 전화를 잘못 건 사람은 더 이상 동전이 없기에 공중전화 부스에 꼼짝없이 발이 묶여 있다. 그렇다면 이 '잘못 걸린 전화'를 받은 사람은 오도 가도 못 하게 된 타인을 돕는 수고를 기꺼이 할 것인가?

새뮤얼 게르트너와 레너드 빅맨은 전화를 받은 사람들이 전화를 건 사람의 인종을 매우 잘 구별한다는 사실을 알아냈다. 각각의 실험에서 전화를 받은 사람들은 전화 건 사람이 백인인지 혹은 흑인인지를 90퍼센트 이상의 정확도로 구별해 냈다.

여기서 사람들이 인종에 따라 차별한다는 사실 또한 밝혀냈다. 백인은 백인이 전화를 걸었을 때 12퍼센트가량 더 많이 도와주었다. 연구자들은 이를 "작지만 감지할 수 있는 영향"이라고 말했다.

곳곳에서 이와 비슷한 실험이 되풀이해서 진행되었다. 연구자들은 공중전화 부스에 대학 입학 지원서를 놓아둔 다음, (서류에는 흑인 또는 백인 학생의 사진이 붙어 있었다.) 사람들이 원서를 대신 발송해 주는 친절을 보이는지 지켜보았다. 이것 외에도 연필 상자를 떨어뜨리거나, 구세군에 헌금할 것을 요청하거나, 지하철에서 넘어지는 상황을 일부러 연출했다. 백인들이 흑인보다 백인을 더 도와주는지 지켜보려는 의도였다. 백인들은 대부분 실제로 그렇게 했다.

사람들은 인종 차별주의자냐는 설문지의 물음에는 대개 "아니요."라고 대답했다. 그렇지만 현실 상황에서는 인종에 따른 편견을 여지없이 드러내었다.

## 남들 앞에선 숨기고 싶은 비밀

새로운 친구와 처음 만나는 날이다. 여러분은 자신이 자다가 방귀를 뀐다는 이야기를 굳이 할까? 아마도 하지 않을 것이다. 음, 그렇다면 이런 말은?

"안녕! 나는 가끔 재채기를 하다가 깜짝 놀라. 나도 모르게 코딱지가 발사되거든."

설마! 이런 사실은 꽁꽁 숨겨 두고서 상대에게 좋은 인상을 남기는 데만 신경을 쓸 것이다. 만나는 사람에 따라 (친구가 될 수도 있는 아이인지, 새로운 선생님인지, 교장 선생님인지에 따라) 말할 사실과 숨길 비밀을 결정한다. 지극히 정상적이다. 그것은 우리가 주변 사람들에게 잘 적응하는 방법이기도 하니까.

삶을 극장이라고 생각해 보자. 주변 사람들은 관객이다. 관객들은 무대를 본다. 여러분에게 무대는 자신을 세상에 드러내 보이는 공간이다. 그런데 무대에는 엄연히 뒤편이 있다. 여러분은 무대 뒤편에서 진짜 생각을 할 뿐 아니라, 자신만의 비밀을 꽁꽁

숨긴다.

무대와 무대 뒤편의 차이는 연구자들에게 '인상 관리'라는 말로 불린다.

캐나다의 대학교수 어빙 고프먼이 1950년대에 처음 쓴 말이다. 간략하게 말하면, 우리는 단점을 숨기고 좋은 점만 보여 주려고 애쓴다는 것이다. 자다가 뀌는 방귀 대신 패션을, 코딱지 대신 밝은 햇살을 말한다.

이렇게 무대와 무대 뒤편이 모두 있다는 것은 남들과 잘 지내기 쉽게 만들어 준다. 적어도 어색한 상황만큼은 피하게 한다. 그만큼 차별이 어떻게 벌어지는지 파악하려는 과학자들을 힘들게 만드는 부분이기도 하다.

그때쯤에는 차별주의가 잘못되었다는 것을 누구나 알고 있었다. 그래서 편파적인 생각에 빠진 사람들은 자기 생각을 애써 숨기려 들었다. 현실 세계에서는 다른 사람을 결코 평등하게 대하지 않으면서도…….

그때로부터 수십 년이 흐른 지금도 우리는 여전히 남들에게 편파적인 생각을 쉽사리 드러내려 하지 않는다.

## 우리 두뇌 속의 버그

1990년대에 앤서니 그린월드와 마자린 바나지 교수는 공동으로 심리학 연구를 진행하고 있었다. 그 당시 대학원생이던 브라이언 노섹도 함께였다.

어느 날, 바나지는 의자에 앉아서 새로운 검사지의 초안을 검토하고 있었다. 직업과 가족 등 단어들을 분류해야 했다. 그 단어 중에는 여성의 이름과 남성의 이름도 섞여 있었다.

사실 남성의 이름을 직업과 연관된 단어와 동일한 카테고리에 넣을 때는 속도가 아주 빨랐다. 그런데 여성의 이름을 직업 관련 단어와 한 카테고리에 넣으려고 하면 속도가 자꾸 더뎌졌다.

'이 검사는 뭔가 잘못되었어.'

사실 검사에 문제가 있었던 게 아니었다. 오히려 연구 업적이 탁월한 여성으로 꼽히는 바나지에게서조차, 두뇌 깊은 곳에 자리하고 있던 편견을 여지없이 드러내 보이게 했다. 바나지의 뉴런 사이 어딘가에 직업은 남성과 더 밀접하게 연관되어 있다는 믿음이 자리하고 있었다는 얘기다. 바나지가 미처 의식하지도 못하는 사이에……

아까 말한 쌀국수와 피자를 떠올려 보자. 두뇌는 쌀국수가 건강식이라는 걸 아는데, 내면 깊은 곳에서는 피자를 바랐다. 바나지의 두뇌 역시 비슷한 트릭을 쓰고 있었다. 여성에게 직업을 가질 역량이 충분하다는 걸 잘 알고 있었는데도 두뇌 어딘가에는, 의식적으로 닿을 수 없는 그곳에는 '남성=직업'이라는 고정관념이 옹송그리고 있었던 것이다.

바나지는 동료 연구자인 그린월드, 노섹과 함께 이 당혹스러운 분류 검사를 한층 더 발전시키기로 했다. 세 사람은 곧 내재적 연관 검사(IAT, Implicit Association Test)를 개발했다.

'내재적'이라는 것은 존재하지만 명확하지 않은 어떤 것을 말한다. 세 사람이 보기에는 그것이 성차별주의 또는 인종 차별주의와 관련된 특성이었다. 사람들의 생각 속에 거의 보이지 않는 형태로 숨어 있는……

IAT 검사는 전 세계에서 연구자와 일반인 모두에게 널리 쓰이고 있다. 가장 유명한 버전은 백인 얼굴과 흑인 얼굴을 각각 긍정적인 단어 또는 부정적인 단어와 연결하게 하는 것이다. 사람들은 대부분 긍정적인 단어와 백인 얼굴은 쉽게 연결했다. 흑인 얼굴을 긍정적인 단어 카테고리에 넣을 때와 백인 얼굴을 부정적인 카테고리에 넣을 때는 손가락의 움직임이 느려졌다.

바나지와 그린월드는 이를 '마인드 버그'라고 불렀다. 컴퓨터 시스템의 결함과 같은 원리로, 이는 우리 두뇌 속에서 생기는 것이다. 때로는 검사 결과가 검사를 받은 사람에게 충격을 안기기도 한다. 자신이 인종의 다양성이나 성 평등을 전적으로 지지하고 있다고 생각해 온 경우에 특히 더 그렇다.

행동가, 언론인, 교수, 연구자, 경찰관, 그리고 평범한 사람들 모두 IAT 검사에서 편견을 확연히 드러냈다. 거의 4분의 3이 흑인을 선한 느낌의 단어에 연결할 때보다 백인을 선한 느낌의 단어에 연결할 때 손가락이 빨리 움직였다. 주위 세계에서 받아들인 여러 가지 기준으로 암묵적인 편견을 가지고 있었던 것이다.

지난 수십 년 동안 바나지와 그린월드는 IAT 검사를 통해 세상이 매력적인 사람들과 이성애자, 그리고 남성을 편파적으로 선호한다는 사실을 보여 주었다.

그렇다면 차별은 미국인들의 전유물일까? 일본 사람들은 오사

카 사투리를 쓰는 사람은 덜 똑똑할 것으로 여긴다. 오스트레일리아 사람들은 아시아 억양을 쓰는 사람들에게 유난히 편견을 보인다. 스웨덴 사람들은 이슬람교도에게 막연히 부정적인 편견을 가지고 있다.

물론 IAT 검사가 현실 세계에서의 행동을 실제로 보여 주는 건 아니라는 주장도 있다. 단어 연결 시험에서 한번 낙제했다고 해서 차별주의자는 아니라는 것이다. 음, 그럴 수도 있다.

그렇지만 뒤따른 연구에 따르면, 검사 결과가 나쁜 사람들이 많이 사는 지역과 소수자를 겨냥한 폭력이 더 빈번하게 벌어지는 지역이 같았다. 한 대규모 연구에서 184건의 연구를 살펴본 뒤에 IAT 검사는 차별주의적 행동을 예측한다고 결론 내리기도 했다.

## 섣부른 편견이 살인을 부르다

2017년 4월, 미국 텍사스주 볼치 스프링스 경찰에 항의 신고가 들어왔다. 십 대 청소년들이 집에서 파티를 벌이면서 술을 마시고 있다는 거였다. 경찰은 현장에 출동해 집 안으로 들어간 뒤 모두 귀가하라고 지시했다.

그때 밖에서 총소리가 들렸다. 경찰관 로이 올리버가 밖으로 달려 나갔을 때, 자동차 한 대가 막 움직이고 있었다. 올리버는 조수석 창문으로 총을 세 발 발사했고, 조던 에즈워즈라는 열다섯 살짜리 흑인 청소년이 목숨을 잃었다.

그런데 문제는 에즈워즈가 무기를 가지고 있지 않았다는 거다. 추후 경찰은 차에도 무기가 없었다는 것을 확인했다. 올리버는 곧 정직 처분을 받았고, 2018년에는 15년의 징역형을 선고받았다. 그렇지만 그것으로 이 사건에 관한 의문이 모두 풀리지는 않았다.

그때 출동한 경찰은 총소리를 정말로 들었을까? 경찰은 자동차가 자신들 쪽으로 후진하고 있었다고 주장했지만, 비디오 판독 결과에 따르면 에즈워즈가 탄 차는 오히려 멀어지고 있었다. 그렇다면 경찰이 거짓말을 하고 있었을까? 아니면 오해하고 있었을까? 무엇이 경찰관 올리버에게 다짜고짜 총을 쏘게 했을까?

우리는 이 같은 의문의 답을 결코 알 수 없을 것이다. 2017년에 경찰의 총에 맞은 흑인이 222명이라는 사실에도 비슷한 의문이 생기지만, 마찬가지로 그에 대한 답은 영원히 알 수 없으리라. (아프리카계 미국인이 미국 인구에서 차지하는 비율은 13퍼센트인데, 이들이 경찰 총격 사건 희생자의 약 4분의 1을 차지한다.)

비록 우리는 답을 못 찾을지 몰라도, 과학자들에게는 전공을 살릴 수 있는 실마리가 주어졌다. 콜로라도 대학교 교수인 조슈아 코렐이 여기에 답을 해 줄 컴퓨터 게임 설계에 힘을 보탰다.

사실 게임은 아주 밋밋했다. 화려한 음향 효과도 없었고 재미난 애니메이션도 없었다. 그저 사진을 연이어 보여 줄 뿐이었다. 그러다가 한 남자가 나타났다. 남자의 손에는 총 또는 휴대전화가 들려 있었다. 게임 참가자가 할 일은 총을 든 악한만 쏘고, 휴대전화를 든 시민은 쏘지 않는 거였다.

코렐은 수백 명의 사람들을 게임에 초대했다. 게임을 하는 과정에서 참가자들의 편견이 연거푸 드러났다. 참가자들은 총을 든 백인을 쏠 때보다 총을 든 흑인을 쏠 때 훨씬 더 재빨랐다. 반면에

'쏘지 않음' 버튼은 총이 없는 흑인 남성이 나타날 때보다 총이 없는 백인 남성이 나타날 때 더 빨리 눌렀다. 마치 두뇌 속의 고정관념이 이렇게 속삭이고 있는 것처럼.

"흑인은 위험해. 빨리 총을 쏴!"

코렐은 고정관념이 우리 두뇌가 시각 정보를 처리하는 방식을 실제로 변화시킨다고 믿는다. 의사 결정 과정을 시소라고 해 보

×××방사회토크×××

2017년에 캐나다에서 경찰의 총에 맞아 사망한 사람은 스물아홉 명이다. 그중에 네 명이 흑인이고, 여섯 명이 선주민이다. 두 수치 모두 높은 수준이다. 흑인과 선주민 모두 캐나다 전체 인구에서 차지하는 비율이 무척 낮기 때문이다. (각각 2.5퍼센트와 4.3퍼센트다.)

그렇다고 해도 경찰이 총을 쏘는 경우는 미국과 비교했을 때 대부분의 선진국에서는 극히 드문 일이다. 엄격한 총기 규제가 그 이유일 것이다. 영국에서는 2017년 1월에서 7월 사이에 경찰의 총에 맞은 사람은 다섯 명으로, 그중 네 사람은 테러 관련자였다. 오스트레일리아에서는 경찰의 총격이 연 평균 다섯 번에 불과했다.

독일은 평균적으로 열 번 정도였다. 일본 경찰은 사격 훈련보다 무술 훈련에 더 많은 시간을 할애했으며, 총을 쏘는 일은 매우 드물었다. 노르웨이와 아이슬란드, 뉴질랜드의 경찰은 아예 총을 가지고 다니지 않았다.

자. 시소의 한쪽 끝에는 '총'이, 반대편에는 '휴대전화'가 놓여 있다. 받침점은 두뇌로, 시소가 완벽하게 균형을 이루는 중간 지점에 있다.

코렐의 연구는 사진에 백인 남성이 보이면 받침점이(그러니까 두뇌가) 아주 조금 '휴대전화' 쪽으로 이동한다는 것을 시사한다. 두 눈이 남자를 탐색하고서 여러 가지 힌트를 두뇌로 보낼 때, 두뇌는 이미 휴대전화 편으로 이동해 있다. 그러면 총을 쏘지 않을 확률이 높아진다.

사진에 흑인 남성이 나타나면, 받침점이 '총' 쪽으로 살짝 이동한다. 두뇌 속 고정관념이 시소의 받침점을 위험한 쪽으로 미리 이동시킨 것이다. 눈이 총의 존재를 파악하는 순간, 이미 두뇌가 먼저 가 있는 셈이다.


## 경찰도 고정관념에서 자유롭지 않다?

수년간 비디오 게임 실험을 진행한 코렐은 경찰관도 일반인과 같은 방식으로 반응하는지 알고 싶었다. 경찰관은 순간적 의사 결정을 고도로 훈련받은 전문가다. 끊임없이 위협에 반응하고 있다. 경찰관이라면 머릿속 시소의 균형을 더 잘 유지할까?

코렐이 이끄는 연구팀은 콜로라도주 덴버의 경찰관 127명과 미국 전역의 경찰관 113명을 대상으로 시험에 들어갔다. 연구 결과, 경찰관들은 결정을 내릴 때 일반인들보다 훨씬 빠르고 정확했다. 어떤 면에서는 더 공정하기도 했다. 총을 든 흑인 남성과 총을 든 백인 남성을 쏜 숫자에서도 아무런 편견을 보이지 않았다.

그렇다고 경찰관들이 고정관념에서 완전히 자유로운 것은 아니었다. 경찰관들의 편견은 대개 결정을 내리는 속도에서 드러났다. 총을 든 백인을 쏠 때보다 총을 든 흑인을 쏠 때 동작이 더 빨랐고, 총을 안 든 백인 남성을 쏘지 않겠다고 결정을 내릴 때 더 빨랐다.

결론이 뭐냐고? 경찰관도 우리와 마찬가지로 여러 가지 고정관념에 싸여 있다는 거다. 다만 훈련과 연습으로 판단해야 할 순간에 고정관념을 뿌리치는 것일 뿐. 그런데 잠깐만! 그걸로는 총을

안 든 흑인 남성이 총을 안 든 백인 남성에 비해 더 자주 총에 맞는 이유를 설명할 수 없다. 대체 어떻게 된 걸까?

연구자들의 생각은, 경찰관들이 비록 실험실에서는 잘해 냈지만 현실 세계에서는 그렇지 않으리라는 것이다. 야간 근무 중의 경찰관들은 잠을 제대로 자지 못한다. 아드레날린 수치가 높아지는 상황이 잦은 데다, 스트레스로 신체가 초조한 상태에 놓여 있을 때가 많다. 이런 요인이 경찰관들을 고정관념에 취약하게 만들고, 나쁜 결정을 내리게 유도할 수 있다.

총이 없는 흑인을 쏜 경찰관들이 모두 인종 차별주의자는 아니지만, 경찰관도 우리와 마찬가지로 고정관념에 영향을 받는다. 그런데 총을 지니고 다니는 경찰관의 고정관념은 사람의 생명을 위협할 수도 있다는 게 문제다!

그렇다면 경찰관이 부당하게 총을 쏘는 일을 어떻게 막을 수 있을까? 의사 결정 과정에서 고정관념을 떨칠 수 있을까? 다행히도 과학자들이 지금 다양한 연구를 진행 중이며, 새로운 방법들을 검토하고 있다.

## 여자아이 vs. 남자아이, 누가 더 똑똑할까?

다섯 살 무렵의 여자아이들은 여자아이가 엄청나게 똑똑하다고 생각하고, 남자아이들은 남자아이가 천재라고 생각한다.

그런데 여섯 살이 되면서 조금씩 달라지기 시작한다. 난데없이 여자 남자 할 것 없이 모든 아이가 '정말로 똑똑할' 확률이 높은 건 남자아이라고 생각하고, 여자아이들은 영재들을 위한 장난감이나 활동을 차츰 외면하기 시작한다.

이 결과는 2017년에 미국의 한 연구에서 밝혀진 것이다. 아이들의 시험 성적이 같을 때도 결과는 같았고, 심지어 여자아이들의 성적이 더 높았을 때도 큰 변화는 없었다. 아이들은 모두 여전히 남자가 더 뛰어나다고 생각했다!

여섯 살짜리 아이들이 어느새 고정관념을 배운 것이다. '흑인=위험하다'라는 고정관념이 경찰의 총에 총이 없는 흑인 남성이 더 빈번하게 맞는 결과를 불러오는 것처럼, '남자아이=똑똑하다'라는 고정관념 또한 여자아이를 차별하는 일로 이어질 수 있다. 이런 편견이 가져온 결과를 어른들 버전으로 한번 살펴보자.

- 미국의 한 연구에 따르면, 남성이 발표하는 사업 아이디어는 여성이 발표하는 사업 아이디어보다 투자를 더 받을 확률이 높다. (남성의 외모가 출중하다면 더 많은 돈을 받는다.)
- 벨기에의 한 연구에 따르면, 여성 정치인은 남성 정치인과 비교했을 때 언론 매체에서 다루어지는 비중이 작다. 남성 정치인은 더 많이 언급되고, 의견을 밝힐 기회도 더 풍부하게 얻는다.
- 미국과 영국, 오스트레일리아에서 과학자들이 신문 스포츠 지면을 분석했다. 여성 선수를 다룬 기사는 전체 기사의 3퍼센트에 지나지 않았다.

• 캐나다 과학자들이 밝힌 바에 따르면, 여성 공학자의 논문은 더 권위 있는 학술지에 실려도 남성 공학자의 논문보다 덜 사용되고 덜 인용된다.

놀랍게도 성별에 따른 분류는 따뜻한 우주복을 입는 아기 때부터 시작된다. 파란색 공룡 무늬는 남자아기용, 분홍색 고양이 무늬는 여자아기용이다.

우리는 초등학교에 입학해서 더 견고한 고정관념을 배우고, 이때 배우는 편견들은 어른이 된 후에도 줄곧 따라다닌다. 그렇지만 공룡이 모두 수컷이 아니고 고양이가 전부 암컷이 아니듯이, 성별에 관한 고정관념 역시 항상 타당한 것이 아니다.

## 달콤한 듯 씁쓸한 성차별주의

성차별주의도 인종 차별주의처럼 시간이 흐르면서 점점 미묘해졌다. 대부분의 사람들은 이제 남성이 과학자로, 선생님으로, 정치인으로 더 뛰어나다고 생각하지 않는다. 지금은 일명 온정적 성차별주의로 행동한다. 이를테면 '친밀한 성차별주의'로, 여성을 상냥하고 누군가를 돌보는 존재, 혹은 구조와 보호가 필요한 존재로 생각하는 것이다. 언뜻 듣기에는 친밀한 것 같아도, 온정적 성차별주의는 소신과 성취를 왜곡한다.

성차별주의는 남자아이에게도 해로울 수 있다. 특히 백마 탄 기사 유형의 고정관념과 맞지 않는 남자아이라면 더욱더 그렇다.

벨기에에서 연구자들이 일련의 가짜 취업 면접을 설계했다. 면접에서 가짜 면접관들은 여성의 역량이 떨어지더라도 일정 비율 이상 의무적으로 고용해야 한다고 말했다.

"이 자리에 있는 여성들이 기분 나빠 하지 않았으면 좋겠습니다. 여성들은 가끔씩 너무도 쉽게 불편해하니까요! 여러분의 동료는 모두 남성입니다. 페미니스트들이 텔레비전에 나와서 떠드는 말들은 믿지 마세요. 산업계에서 그저 혜택을 누리려고 여성의 현실을 과장하는 겁니다!"

이것이 얼마나 노골적이고 적대적인 성차별주의인지, 면접에 지원한 여성들은 즉각 알아차렸다.

한편, 다른 면접에서는 가짜 면접관들이 지원자의 모든 조건이 같다면 여성부터 일단 고용하겠다고 말했다. 그러고는 이런 말을 덧붙였다.

"여러분의 동료 직원은 모두 남성입니다만, 조금도 염려하지 마세요. 여러분이 업무에 잘 적응할 수 있도록 도울 테니까요. 너나없이 굉장히 협조적입니다. 신입 직원이 모두 여성이라는 걸 알고 있으며, 기꺼이 시간을 내어서 도와주겠다고 했습니다."

두 번째 면접에서 면접관의 말은 훨씬 더 친근하게 들렸다. 여기서 성차별주의를 눈치채거나 분노한 여성 지원자는 아주 적었다. 그러면 면접관의 말을 자세히 살펴보자.

적대적이지는 않지만, 여성은 역량이 상대적으로 떨어지며, 누

××× 너무 예뻐서 문제? ×××

2015년, 샌프란시스코의 IT 업체가 자사 직원의 인물 사진을 활용한 광고를 냈다. 그 광고에 이시스 웽거라는 개발자도 있었다. 그런데 사람들이 사진 속의 개발자들이 가짜라고 했다. 진짜 개발자라기에 너무 예쁘다는 것이었다. 곧 트위터에 #iLookLikeAnEngineer(나는 개발자처럼 생겼어요) 캠페인이 퍼져 나갔다. 다양한 사람들이 자신의 사진을 올려, 외모와 개발자로서의 재능은 전혀 관계가 없다는 것을 증명했다.

군가의 도움이 반드시 필요하다는 뉘앙스를 풍기고 있다.

놀라운 점은 이것이다. 직무 능력 시험 결과는 온정적인 성차별주의에 노출된 여성이 노골적인 성차별주의에 노출된 여성보다 성적이 낮았다. 친절하고 상냥한 "우리가 잘 보살펴 줄게."라는 말이 실제로는 더 나빴던 셈이다!

대체 어떻게 된 걸까? 지원자 모두가 최선을 다할 자세가 되어 있었다. 실제로 최선을 다했다. 사실 온정적인 면접에서 여성 지원자들은 성차별주의를 딱히 눈치채지 못했는데도 어딘가 불편함을 느꼈다. 면접이 전혀 유쾌하지 않았다.

실험을 더 진행한 결과, 연구자들은 세 가지 요인이 여성의 수행 능력에 영향을 미쳤다는 사실을 파악했다. 그것은 바로 근심과 자기 의심, 그리고 자기 존중감이었다. 여성 지원자들은 이렇게 생각하고 있었다.

"이 일을 하는 데 도움이 필요한 거라면, 내 역량이 많이 모자란 것일 수도 있어."

온정적 성차별주의는 보기보다 더 파괴적일 수 있다.

## 외모에 따른 후광 효과

'혹시 천국에서 내려오셨나요? 천사처럼 생기셔서요.'

그야말로 느끼한 작업 멘트다. 그런데 과학은 우리가 천사같이 생긴 사람들을 편애한다는 사실을 역력하게 보여 준다. 연구자들은 이것을 '매력의 후광'이라고 부른다. 우리는 출중하게 아름다운 사람을 보면 막연히 그 사람의 성품도 선할 것이라고 기대한다.

• 하버드 대학교 연구진은 4세와 5세 아이들에게 가장 믿음이 가는 사람을 고르게 했다. 아이들은 외모가 수려한 사람들을 더 믿을 수 있다고 여겼다. 심지어 그

사람들이 거짓말을 해도 그 생각에 변함이 없었다.

- 선생님은 호감이 가게 생긴 아이들이 더 똑똑하고 더 사교적이고 더 자신감 있고 더 인기 있다고 생각했다.
- 여러 번의 모의 재판에서, 과체중인 여성은 유죄가 될 확률이 더 높았다.

이것이 매력적인 사람들에게 꼭 좋은 뉴스인 것만은 아니다. 아름다움을 향한 편견은 역효과를 일으킬 수 있다. 영국의 한 연구에서, 연구자들은 사람들에게 커닝과 표절을 들킨 학생들의 사진을 보여 주었다.

부정행위가 사소할 때는 매력적인 사람들도 다른 사람들과 똑같은 처벌을 받았다. 그런데 부정행위가 심각할 때는 처벌이 가중되었다!

우리는 외모가 매력적인 사람들에게 더 높은 기준을 적용하기 때문이다. 매력은 선이라는 덕목과 같아야 한다. 실험 속의 천사들이 후광을 훼손한 셈이다.

# 의사 선생님, 그러시면 안 돼요!

2004년, 캐나다 위니펙에서 마흔다섯 살의 선주민 남성 브라이언 싱클레어가 휠체어를 밀고 병원 응급실에 들어섰다. 두 다리를 절단한 그는 심각한 요로 감염 상태였다.

싱클레어는 휠체어에 앉은 채로 만 하루가 넘게 대기실에 방치되었다. 그사이 대기실의 타인들이 병원 측에 싱클레어의 상태가 염려된다고 알린 것만 자그마치 네 번이었다. 그럼에도 불구하고 싱클레어는 계속 무시되었다. 의사와 간호사들은 선주민 출신의 (아마도 노숙자일 가능성이 큰) 이 남성을 지나가면서 보았지만 술에 취했거나, 이미 치료를 받았거나, 혹은 그냥 추위를 피하러 들어온 것이라고 여겼다.

병원 의료진이 인종 차별주의자들이었을까? 물론 의료진은 아니라고 대답할지도 모른다! 그렇지만 그들은 싱클레어의 상황을 물어보거나 확인하지 않고 지레짐작했다. 머릿속 고정관념을 토대로 성급히 결론을 내린 것이다.

결국 싱클레어는 병원에 들어서고 나서 서른네 시간이 지난 뒤 응급실에서 사망했다. 의사와 교수들은 무엇이 잘못되었는지 파악하기 위해 '브라이언 싱클레어 조사 위원회'를 조직했다.

몇 년에 걸친 조사와 연구 끝에 발간한 보고서에서 브라이언 싱클레어가 인종 차별주의에 살해당했다고 밝혔다. 병원 의료진은 선주민 남성을 보고는 그가 아픈 게 아니라 술에 취한 것으로 생각해 버렸다.

암묵적인 편견은(의사와 간호사들이 깨닫지 못한 채 내리는 이 판단은) 또 다른 의료 과실로도 이어진다. 여러 연구에서 밝힌 바에 따르면, 미국의 응급실에서 의사들은 환자가 흑인일 때 혈전 치료를 덜 한다. 여성 심근 경색 환자는 오진을 받을 확률이 높다. 성 소수자인 환자는 좋은 치료를 받을 확률이 매우 낮다.

어쩌면 차별은 보디랭귀지처럼 단순할 수 있다. 특정 환자를 편견으로 본 의사는 환자와 거리를 두거나 눈을 잘 마주치지 않을 수도 있다. 환자는 편견을 의식적으로 눈치채지 못하더라도 분위기는 충분히 감지할 수 있다. 그만큼 질문을 덜 하거나 병원을 덜 찾을지도 모른다.

경찰관과 다름없이 의사도 사람이다. 우리와 같이 편견의 희생자가 될 수 있다. 그렇지만 사람은 모두 적합한 치료를 받아야 마땅하다. 요즘은 모든 환자가 출신 집단의 규모를 떠나 공정하게

은 수학 시험에서 아시아계라는 정체성을 일깨울 때 높은 점수를 받는다. 고령층의 경우, IQ 검사 전에 나이를 떠올리게 하면 점수가 떨어진다. 사회적으로 불리한 가정 출신의 1학년 아이들은 지능이 측정되어 비교될 거라는 말을 들으면 부유한 가정 아이들에 비해 낮은 점수를 받는다.

고정관념은 오랜 시간에 걸쳐 우리 두뇌에 서서히 스며들었기 때문에, 자신도 모르는 사이에 스스로에게 고정관념을 적용하게 된다. 그 결과, 모든 행동이 영향을 받는다.

세상을 판단하는 방식을 바꾸기 위해서는 우리 자신을 판단하는 방식을 먼저 바꾸어야 할지도 모른다.

## 거울아, 거울아!

여러분은 세상과 정보를 얼마나 공유하고 있을까? 지금 입고 있는 차림새를 살펴보자. 다음에 나열된 것 중 몇 가지나 하고 있을까?

- 원피스나 치마

- 피어싱

- 머리핀, 귀걸이 등의 액세서리

- 스마트 워치

- 야구 모자

- 긴 머리

- 무선 이어폰

- 최신형 스마트폰

- 유명 브랜드 티셔츠

- 값비싼 브랜드 운동화

여러분은 이런 옷을 입거나 액세서리를 함으로써 세상에 자신의 정체성을 알리는 메시지를 널리 뿌리고 있다. 예를 들어 머리

를 짧게 깎은 키 큰 아이를 떠올려 보자. 값비싼 브랜드 운동화에, 농구팀 로고가 크게 박힌 민소매 유니폼 차림이다.

여러분이 떠올린 아이는 남자아이인가, 아니면 여자아이인가? 이 아이가 좋아하는 취미는 무엇일까?

만약 가느다란 안경테에 긴 생머리, 거기에 바이올린을 메고 가는 아이를 길에서 우연히 보았다면?

바이올린 천재 소녀일 거라고? 저런! 그건 아주 전형적인 고정관념이다. 여러분은 사실 그 아이를 모른다. 그 아이는 남자아이일 수도 있고, 어쩌면 농구의 광팬일 수도 있다. 그렇지만……처음부터 그런 생각이 떠오르지는 않을 것이다.

사람들은 성별로, 인종으로, 종교로, 정치 성향으로, 사회적 지위로 다른 사람을 분류한다. 심지어 쓱 훑어보고서 단번에 결정한다.

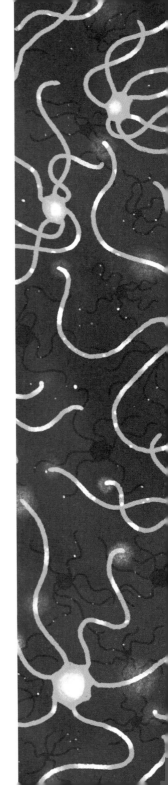

거꾸로 말하면, 모르는 사람들이 매일매일 자신의 고정관념을 토대로 우리가 어떤 사람인지를 짐작하는 셈이다. 그리고 우리가 날마다 그들에게 힌트를 준다. 우리는 성별에 맞는 옷과 머리 모양, 액세서리를 고른 뒤, 브랜드 이름이나 티셔츠에 쓰인 문장, 혹은 모자를 통해 정보를 널리널리 알린다.

그런 식으로 자꾸 분류를 하면 삶이 한결 쉬워진다. 오토바이를 즐겨 타는 사람들은 가죽 재킷과 문신으로 서로를 더 쉽게 알아본다. 사람들을 만날 때마다 이렇게 물어야 한다면 얼마나 피곤할까?

"안녕! 너, 혹시 오토바이 좋아해? 나중에 같이 구경 갈래?"

자신이 입고 있는 차림새를 살펴보고 세상 사람들을 향해 어떤 힌트를 주고 있었는지 찾아보자. 때때로 우리의 차림새는 꽤 강력한 메시지를 보낸다.

## 소박한 옷차림 속에 담긴 간디의 메시지

마하트마 간디는 인도의 정치 지도자로, 영국의 인도 지배에 항거했다. 1921년부터 정장 차림을 버리고 면직물로 된 소박한 전통 의상을 입기 시작했다. 그 옷은 두 가지 메시지를 보냈다.

- 마하트마 간디는 모든 계급의 사람을 대표한다. 값비싼 옷을 살 수 있는 부유한 계급만을 대표하는 것이 아니다.
- 영국 것이 최고가 아니다! 인도는 손으로 짠 면직물처럼 고유의 전통을 되찾아야 한다.

한번은 기자가 영국 국왕과 만나면서 그처럼 소박한 차림을 한 소감을 물었다. 마하트마 간디는 이렇게 답했다.

"아무 문제도 없었습니다. 영국 국왕께서 우리 두 사람 몫을 충분히 하셨으니까요."


## 인종 구분 없는 학교를 꿈꾸며, 클로드 스틸

1950년대 초, 시카고에 사는 클로드 스틸이라는 소년이 수영장에 갈 수 있는 시간은 수요일 오후뿐이었다. 다른 시간은 다 백인 아이들 차지였기 때문이다.

스틸은 그 규칙을 배웠던 것을 분명히 기억했다. 그 순간이 처음으로 자신이 흑인임을 자각한 때였다.

수영장뿐만이 아니었다. 시카고에서 흑인 아이는 흑인 동네에 있는 흑인 학교에 다녔다. 백인 아이는 백인 동네의 백인 학교에 갔다. 당시 교육감이던 벤저민 윌리스는 여기에 아무 문제가 없다고 생각했다. 아이들은 자기 지역의 학교에 다녀야 한다는 것이었다.

하지만 흑인 민권 운동은 생각이 달랐다. 백인 아이가 다니는 학교는 시설이 더 좋은 데다 학급당 학생 수가 적었으며, 정부의 지원도 더 많이 받았다. 책상도 여유분이 넉넉했다.

그 반면에 흑인 아이들은 학교에 수용 인원이 넘쳐서 임시 교실에 끼어 앉아야 할 지경이었다. 스틸은 아버지를 비롯해 형제들과 함께 수천 명이 모인 시위 행렬에 나서서 인종 구분 없는 학교와 동등한 교육 환경을 요구했다.

스틸의 마음속에 큰 변화가 일어난 것은 대학교 1학년 때였다.

뉴스에서 인종 폭동 당시 사람들이 움직이게 된 동기에 관해 말하는 어느 흑인 심리학자를 봤을 때였다. 심리학자는 단호했고, 자신에 넘쳤으며, 통찰력이 있었다.

스틸은 그걸 보고 깊은 감명을 받은 나머지 치과 의사가 되겠다는 생각을 접었다. 심리학 수업을 수강한 뒤 대학원에 진학해 자신의 연구 프로젝트를 시작했다.

훗날 스틸은 스탠퍼드 대학교에서 심리학 교수가 되었고, 세계적인 베스트셀러 《고정관념은 세상을 어떻게 위협하는가》를 출간했다. 스틸은 '고정관념 위협'이라는 개념으로 꽤 유명하다.

## 머리 위의 투명 풍선, 고정관념 위협

고정관념 위협이란, 다른 사람이 자신에 관해 나쁘게 생각하고 있다는 것을 알고 스스로 그런 생각을 입증하게 될까 봐 걱정하는 것을 말한다.

우리는 고정관념을 (자신이 속한 집단을 향한 고정관념까지도) 늘 인식하고 염두에 둔다. 스틸은 고정관념을 풍선에 비유하면서, 풍선이 항상 머리 위에서 달랑거리다가 어떤 상황이 닥쳤을 때 우리의 행동에 영향을 미친다고 말한다.

한 여학생이 남학생으로 꽉 찬 교실에서 수학 시험을 기다리고 있다고 하자. 여학생 정수리 위의 풍선에는 '여학생≠수학'이라고 쓰여 있다. 여학생은 사람들이 풍선의 말을 믿는다고 생각한다. 결국 자신이 평가받는다고 느끼기 때문에 긴장을 한 나머지 수학 문제를 평소만큼 잘 풀지 못한다.

고정관념 위협은 자신을 의심하거나 불안해하는 것과는 다르다. 그런 감정은 미리 알 수 있고, 또 극복하려고 노력할 수도 있다. 고정관념 위협은 더 미묘하고 더 구체적인 상황에서 생겨난다. 두 사람이 이야기를 나누는 상황에는 두 가지 종류의 대화가 있다. 하나는 밖으로 들리는 대화다.

그와 동시에, 내면에는 두 사람의 보

디랙귀지와 잠재 의식이 나누는 완전히 별개의 대화가 있다. 사람의 잠재 의식은 평가를 받는다고 느끼면 두뇌에 알리지 않고 곧바로 반응한다.

스틸의 대학 연구팀은 수년간의 실험을 통해 고정관념 위협이 회사에서, 경기장에서, 특히 학교에서 사람들의 수행 능력을 급격히 떨어뜨린다는 것을 밝혔다.

스틸은 말한다. 고정관념 위협이 학교에서 흑인 아이들이 겪는 유일한 문제만은 아니라고. 그렇다고 해도 이 위협을 깨닫지 못하면 공평한 기회는 결코 생겨날 수 없다.


## 고정관념 위협이 수행 능력을 바꾼다고?

클로드 스틸은 초기 고정관념 위협 실험에서 백인 학생과 흑인 학생을 대상으로 시험을 치게 했다. 한 집단의 학생에게는 시험이 지능 검사라고 했고, 다른 집단에는 그런 말을 하지 않았다.

흑인 학생들은 아무것도 귀띔을 받지 않은 경우에 점수가 좋았고, 지능 검사라는 말을 들었을 때 점수가 더 나빴다. 스틸은 이것을 고정관념 위협 때문이라고 보았다.

흑인 학생들은 장기간에 걸쳐서, 백인 아이가 흑인 아이보다 똑똑하다는 생각에 젖어 있었다. 흑인 학생들은 그런 고정관념을 증명할까 봐 걱정을 했고, 그런 불안감이 결국 점수에 영향을 미쳤다는 것이다.

단지 시험 그 자체만 문제가 아니다. 수학 시험을 보려면 먼저 수학을 배워야 한다. 고정관념 위협은 학습 초기에도 얼마든지 영향을 미칠 수 있다.

2017년, 연구자들은 비례 단원을 배우는 미국의 5학년 학생 135명을 모집했다. 먼저 학생들에게 학업 수준을 평가하는 시험을 치게 했다. 그러고 나서 며칠 뒤 비례 수업을 듣도록 했다. 단, 수업을 시작하기 전에 학생의 절반에게는 날짜를 적게 하고, 나머지 절반에게는 자신의 인종을 적게 했다. 수업의 나머지 과정은 완전히 똑같았다.

그다음 주의 세 번째 방문에서 연구자들은 학생들에게 수업 내용을 확인하는 시험을 치게 했다. 수업 전에 자신의 인종을 적었던 학생들은 실수가 잦았을뿐더러 수업 내용도 덜 기억했다. 날짜를 적은 학생들은 배운 내용을 더 많이 기억했고, 그만큼 시험도 더 잘 쳤다.

공부를 잘하는 학생이나 못하는 학생 모두 같은 결과였다. 피부색을 묻는 간단한 질문이 학생들이 학습하는 방식을 바꾼 셈이다.

우리는 부정적인 고정관념을 마주하면 저절로 움츠러든다. 이것이 고정관념 위협이다. 그런데 그 반대도 진실이다. 자기가 속한 집단과 잘 맞는 구성원은 자신감이 생기고, 뭐든지 평소보다 잘하게 된다. 고정관념의 엘리베이터를 탄 셈이다.

연구자들은 이런 종류의 고정관념 위협이 다양한 분야에서 작용하는 것을 보여주었다.

- 가난한 사람이 자신의 지능이 부유한 사람과 비교되어 평가될 것임을 들었을 때
- 백인 운동 선수가 자신의 재능이 흑인 선수와 비교되어 평가될 것임을 들었을 때
- 고령층이 기억력이 평가될 것임을 들었을 때
- 여학생이 자신의 수학 실력이 남자아이들과 비교되어 평가될 것임을 알았을 때

연구자들은 시험 안내를 다르게 하는 것만으로 이들 집단의 구성원이 느끼는 고정관념 위협에 변화를 주었고, 그들의 수행 능력을 변화시켰다.


## 이름에도 차별이?

1980년대에 스웨덴에 사는 이슬람교도는 약 10만 명이었다. 오늘날에는 50만 명이 이슬람 문화권이다. 이민자와 난민들이 많이 들어오면서 그 수는 점점 더 늘어나고 있다.

새롭게 스웨덴 국민이 된 이들은 심각한 고정관념에 직면해 있다. 이슬람식 이름을 가진 사람은 취업 시장에서 스웨덴식 이름을 가진 사람과 비교해 동등한 기회를 얻지 못할 때가 많다. 몇몇 이슬람 이민자는 고정관념을 피하려고 흔치 않은 절차를 밟았다. 바로 이름을 바꾸는 것이다.

스웨덴 정부의 개명 신청 양식에는 개명 사유를 묻는 항목이 있다. 이슬람식 이름을 바꾸기 위해 신청한 사람들의 사유는 대부분 아래의 세 가지 중 하나다.

- 다른 사람들이 부르기에 너무 어려운 이름이다.
- 이름 때문에 차별을 받는다.
- 자신이 속한 민족 공동체와 거리를 두고 싶다.

그들이 꿈꾼 것은 차별이 아니다. 연구자들에 따르면 이슬람 이민자 중에 스웨덴식에 가까운 이름을 가진 사람들은 수입이 더 많았고, 취업 면접 기회를 더 많이 얻었으며, 성평등 면에서 더 나은 대우를 받았다.

이름은 사실 정체성에서 매우 중요한 부분이기에, 이것을 바꾸는 것은 사뭇 극단적인 선택이다. 이상적인 세계에서는 사람들이 평등하게 대우받기 위해 이름표를 바꿔 달지는 않을 것이다.


## 왠지 잘 맞을 것 같은 '주변 소속감'

컴퓨터 프로그래머 중에 여성은 5분의 1, 많아야 3분의 1이다. 이는 캐나다, 일본, 한국, 독일 등 세계 여러 나라에서 다 마찬가지다. 그런데 최근 몇 년 사이에 인공 지능 산업이 급격히 성장하면서 대부분의 선진국에서는 컴퓨터 과목을 수강하는 여학생 수가 부쩍 늘었다.

그런데 여학생들은 입문 과정에서부터 많은 어려움을 겪는다. 무엇보다 흥미가 생기지 않는다는 것이 큰 문제이다. 어떻게 된 일일까?

한 가지 답으로 '괴짜 요인'을 들 수 있다. 여학생들은 컴퓨터 과학을 생각할 때, 컴퓨터 화면을 뚫어지게 보고 있는 괴짜 남학생을 떠올리기 십상이다. 바깥세상과의 교류를 피하는 성향은 덤이다. 어쩌면 영화 〈스타워즈〉의 대사를 줄줄 외우고, 밤늦게까지 '지하 감옥'이나 '용'이 나오는 게임을 하는 사람들을 상상할지도 모른다.

워싱턴 대학교의 교수 새피나 체르얀에게 아이디어가 하나 있었다. 컴퓨터 연구실의 환경을 바꿔서 그런 고정관념에 변화를 준다면 어떨까?

체르얀이 재직하는 대학의 컴퓨터 연구실은 흔히 생각하는 남성의 공간, 이를테면 액션 피규어와 에너지 음료로 가득한 공간이 아니었다. 그 연구실에는 실제로 여학생이 평균보다 많았다.

여학생이 오고 연구실이 바뀐 걸까? 아니면 연구실의 달라진 환경이 여학생의 수를 더 늘어나게 한 걸까?

체르얀은 컴퓨터 연구실을 두 가지로 꾸몄다. 한 연구실에는 〈스타 트렉〉(미국 NBC 방송국에

서 1966년에 드라마로 제작한 SF 시리즈. TV 드라마 후속작을 비롯해 영화, 게임, 소설 등의 파생작을 낳으며 지금까지도 큰 인기를 끌고 있다.-옮긴이) 포스터, 컴퓨터 부속품, SF 관련 책을 진열했다.

다른 연구실에는 자연 경관 포스터, 다양한 장르의 책, 그리고 생수병을 늘어놓았다. 그런 다음 학생들을 들어오게 해서 컴퓨터 과학에 얼마나 관심이 있으며, 만약 전공을 한다면 얼마나 잘할 것 같은지를 물었다.

남학생은 두 연구실 모두에서 똑같이 잘할 것 같다고 대답했지만, 여학생은 중성적인 분위기의 두 번째 연구실을 훨씬 더 선호했다. 심지어 두 컴퓨터 연구실을 '떠올려' 보게만 했을 때도, 여학생은 중성적인 연구실을 떠올린 쪽이 프로그래밍을 더 긍정적으로 받아들였다.

체르얀의 실험은 컴퓨터 과학 분야가 연구실에서 남성적인 느낌을 조금 덜어내는 것만으로 더 많은 여학생들의 흥미를 모을 수 있다는 것을 시사한다.

체르얀은 이를 '주변 소속감'이라고 부른다. 주변 소속감이란, 어떤 공간에 들어갔을 때 자신이 잘 맞을 수 있을 것 같을 때 느끼는 감정이다.

## 차라리 판을 바꾸어 볼까?

고정관념 위협에는 훌륭한 점이 하나 있다. 생각보다 바꾸기가 쉽다는 것이다. 최소한 일시적으로는 바꾸기가 쉽다. 사소한 힌트나 암시로 사람을 더 편안하게 만들 수 있고, 고정관념으로 생기는 불안을 지우고 자신이 가진 능력을 더 발휘하게 할 수 있다.

한 실험에서 흑인 대학생들에게 지능이란 얼마든지 바뀔 수 있으며, 시간의 흐름에 따라 발전시킬 수 있는 능력이라고 생각하게 했다. 그런 사소한 암시로도 학생들의 성적이 향상되었다.

클로드 스틸은 고정관념 위협의 최고 해독제는 '깨닫는 것'이라고 말한다. 고정관념 위협이 있다는 것을 깨닫는다면, 눈앞에서 벌어지는 일을 빨리 알아차리고 상황을 더 잘 통제할 수 있다는 얘기다.

또 다른 해독제는 다양성이다. 어떤 집단에서

혼자만 다르다면 아무래도 고정관념 위협을 느끼기가 쉽다. 백인 아이들 사이에 혼자 있는 피부색이 어두운 아이, 또는 남학생으로 가득한 교실에 혼자인 여학생은 다름을 크게 느끼게 마련이다. 만약 교실 안 학생들의 피부색이 다양하고 성별도 섞여 있다면, 서로의 차이는 훨씬 더 사소해질 것이다.

여러 연구를 통해 고정관념 위협을 줄일 수 있는 간단한 방법이 많이 밝혀졌다. 몇 가지를 살펴보자.

- 시험 전에 나이와 성별, 출신 학교를 묻는 항목을 넣지 않는다.
- 사람들이 저마다 자신을 다양한 기술과 능력, 흥미가 있는 복합적인 존재로 생각하게 한다. 우리는 누구나 자신이 속한 집단의 특성과 속하지 않은 집단의 특성을 조금씩 지닌다. 그걸 깨달으면 익숙하지 않은 상황에 있어도 조금 편안해진다.
- 롤 모델을 제시한다. 예를 들면, 여학생들은 여성 수학 선생님과 여성 과학 선생님이 더 많아지면 고정관념 위협을 덜 느낀다.
- 초점을 재능과 유전 대신에 노력과 동기에 맞춘다. 물려받은 유전자는 통제할 수 없지만 공부 습관은 통제할 수 있다.

고정관념 위협을 줄이는 데 방법이 하나 더 있다. 바로 사회를 바꾸는 것이다. 백인이 더 똑똑하다거나, 남자아이가 수학에 더 뛰어나다거나, 나이 든 사람은 지루하다거나 하는 생각을 누구도 하지 않는 사회를 상상해 보자.

인간인 우리는 엄청난 양의 정보를 처리할 수 있다. 우리 자신에 관해 복합적인 사고를 할 수 있는 능력을 배운다고 상상해 보자. 친구들을, 가족들을, 더 나아가 완벽한 타인들까지도 복합적으로 생각할 수 있다면 어떨까? 고정관념을 무턱대고 믿는 대신에 시간을 들여 서로의 구체적인 면면을 상상하려 노력한다면 더할 나위 없이 좋다.

이런 목표를 향해 열심히 나아가는 사람들이 있다. 이들이 바꾸려는 것은 고정관념 위협이 아니다. 이들이 바꾸려는 것은 바로 우리가 사는 세상이다.

# 세상의 변화를 만드는 사람들

## 제 4 장

1918년, 미국 잡지 《레이디스 홈 저널》은 어머니들에게 이런 조언을 했다.

"기본 규칙은 남자아이에게는 분홍색, 여자아이에게는 파란색입니다. 분홍색은 단호하고 굳건한 색상이라 남자아이에게 알맞은 반면, 파란색은 섬세하고 얌전한 데가 있어서 여자아이에게 제격인 색상입니다."

뭐라고? 남자아이에게 분홍색이, 여자아이에게 파란색이 걸맞다고?

시간이 흐르면서 이 고정관념이 변화했다는 것은 말할 필요도 없다. 두 차례의 세계 대전을 거치며 초록색과 갈색은 '어린 군인들(즉 남자아이들)'에게 인기 있는 색이 되었다. 1940년대에는 의류 회사들이 여자아이용으로는 분홍색 옷을, 남자아이용으로는 파란색 옷을 본격적으로 팔기 시작했다.

1980년대에 접어들면서 산전 검사가 시작되었다. 부모가 태어날 아이의 성별을 미리 알게 되자 분홍색 옷과 파란색 옷의 판매량이 급격히 솟구쳐 올랐다.

온갖 종류의 요인이 우리가 당연하게 받아들이는 생각에 영향을 미칠 수 있다. 광고, 언론, 정치, 시위 등 요인은 무지무지 다양하다. 때로는 단 한 사람의 개인이 사회 전체의 관점을 바꿀 수도 있다.

오늘날 많은 사람들이 시위를 하고, 영화배우가 목소리를 높이고, 광고주가 새로운 기준을 세워 가는 동안, 과학자들은 분주히 그 결과를 추적했다.

물론 결과는 흑백으로 뚜렷이 판단하기 어렵다. 분홍색과 파랑색도 마찬가지다.

## 분홍색 장난감의 반격

마늘 다지기는 마늘을 넣고 손잡이를 꽉 누르면 콰직, 하고 마늘이 으깨어지는 도구다. 그런데…… 만약 이 도구가 장난감이라면, 남자아이용일까? 아니면 여자아이용일까?

실없게 들릴 수도 있는 이 질문을 2017년에 과학자들이 미취학 아이들에게 던졌다. 과학자들은 실험을 시작하기에 앞서 마늘 다지기에 색을 칠했다. 한 집단의 마늘 다지기에는 분홍색을 칠하고, 다른 집단 것에는 파란색을 칠했다.

2016년의 한 연구에 따르면, 공주가 나오는 영화나 인형에 집착하는 여자아이는 전통적인 여성상대로 행동할 확률이 높았다.
2013년의 연구에 따르면, 자신을 '공주'처럼 생각하는 성인 여성은 어려운 도전을 포기할 확률이 높았고, 직업을 가지길 바랄 확률이 낮았으며, 미모나 외적인 특징에 중점을 두었다.

과학자들이 아이들에게 물었다.

"이 장난감이 얼마나 마음에 드니? 이 장난감은 누가 가지고 놀아야 할까?"

미취학 아이들은 마늘 다지기가 무엇인지 전혀 모르는 상태였다. 그렇지만 색깔이 큰 차이를 만들었다. 여자아이들이 분홍색

마늘 다지기에 더 관심을 보였다.

같은 연구에서 연구자들이 전형적인 남자아이용 장난감을(비행기·자동차·팽이 등) 분홍색으로 칠한 다음 보여 주자, 여자아이들이 그 장난감을 가지고 싶어 했다. 당나귀 인형에 까만색, 파란색, 빨간색으로 칠하고 까만색 갈기를 달자 갑자기 남자아이용 장난감으로 여겼다.

장난감은 성별 고정관념이 가장 많이 반영되는 품목으로 꼽힌다. 우리는 여자아이에게 인형을 사 주고, 남자아이에게 트럭을 사 주며, 여자아이에게 요정의 지팡이를, 남자아이에게 축구공을 선물한다. 장난감 업체는 광고를 만들 때 여자아이는 쿠키를 굽게 하고, 남자아이는 칼싸움을 하게 한다. 그리고 가장 단순한 장난감조차(건물 짓는 데 들어가는 벽돌조차) 성별로 분류해 시장에 내놓는다.

연구 결과에 따르면, 아이들은 커 가면서 고정관념 대신에 더 복잡하고 구체적인 의사 결정 과정을 활용해 생각할 수 있게 된다. 그런데 장난감이 그런 방식의 생각에 항상 도움이 되는 것은 아니다.

지난 수십 년간 많은 연구자와 부모, 행동가가 장난감 업체에다 장난감에 성별의 구분을 두지 말 것을 요청해 왔다. 남자아이도 쿠키를 구워도 된다고 생각해야 한다. 여자아이도 타고난 과학과 수학적 재능을 북돋울 수 있는 조립 세트가 필요하다. 모든 아이는 아무 장난감이나 가지고 놀 수 있다고 생각해야 하는 것이다.

그래서 레고 회사가 분홍색과 보라색 벽돌 패키지를 내놓은 것은 자못 축하할 일인 듯했다. 음, 진짜로 그럴까?

## 레고 벽돌 속에 갇힌 남녀 차별

2017년, 연구자들은 여자아이용으로 출시된 레고 '프렌즈' 시리즈 키트와 기존의 '시티' 시리즈 키트의 차이를 비교했다. 그 차

이는 단순히 벽돌이 분홍색이냐 보라색이냐의 문제 그 이상이었다.

'시티' 시리즈의 남성 미니어처는 90퍼센트가 직업이 있었다. 아이들은 경찰관이나 소방관, 의사, 우주 비행사, 조종사, 카레이서를 가지고 놀았다. 그런데 여자아이용 키트에는 전체 미니어처의 절반만 직업이 있었고, 그 직업 중 대다수는 판매직이었다. 스무디 마실 사람? 아니면 레모네이드는? 그것도 아니면 피자?

차이점은 또 있었다. '프렌즈' 시리즈에서는 전체 미니어처의 3분의 1이 청소 등의 집안일을 했다. '시티' 시리즈의 남성 미니어처 중에 집 안 살림을 돌보는 경우는 놀랍게도 제로였다.

연구자들은 남성 미니어처가 사람들을 위험에서 구하는 역할을 하는 데 반해, 여성 미니어처는 안전하고 가정적인 설정에서 살고 있다는 걸 발견했다. 남자아이들은 주로 전문가들이었고, ("이제 불길이 잡혔습니다!") 여자아이들은 늘 뭔가를 배우고 있었다. ("완벽해질 때까지 연습하도록 해. 그런 다음에 화장대 앞에 앉아서 예쁘게 외출 준비를 하자.")

## ×××조금도 어렵지 않아!×××

2012년, 13세 소녀 매케나 포프는 유튜브에 영상을 올려 청원을 시작
했다. 대형 장난감 기업인 해즈브로에 '이지 베이크 오븐'이라는 장난감
오븐을 중성적인 색깔로도 만들어 달라는 것이었다.

출시된 오븐은 모두 분홍색과 보라색이었고, 상자 겉면에는 여자아이
사진이 있었다. 포프의 네 살짜리 남동생은 장난감 오븐을 가지고 싶었
지만, 차마 여자아이용 장난감을 사 달라고 부모님을 조를 수가 없었다.
포프의 영상과 온라인 청원은 금세 각지로 퍼져 나갔다. 몇 주 만에 4만
6천 명의 서명이 모였다.

해즈브로는 곧 전화를 걸어 포프를 본사로 초대했다. 그날 본사에서는
까만색, 파란색, 은색 버전의 오븐 출시 행사가 열렸다.

임무 완수! 매케나 포프의 이야기는 TED 강연(www.ted.com)을 통해 더
자세히 들을 수 있다.

레고 '프렌즈' 시리즈를 가지고 논다고 해서 과연 여자아이에
게 건물을 설계하고 건축할 마음이 들게 할까? 레고는 2017년에
55억 달러를 벌어들였고, '프렌즈' 시리즈는 회사의 대표적인 효
자 상품이 되었다.

그만큼 여자아이는 레고에 분명 매력적인 소비자였다. 하지만
레고의 마케팅팀은 일을 제대로 하려면 어찌해야 하는지 좀 더

공부해야 할 것 같다. 여자아이가 우주 비행사가 되는 것도 아주 좋으니까!

## 소통을 이끌어 내는 드라마

한 여자가 동네 상점 앞에 도착한다. 여자는 젊은 상점 직원에

게 왜 화가 났는지 다그쳐 물으며, 자신을 안으로 들여보내 달라고 부탁한다. 그렇지만 직원은 여자를 안으로 절대 들여보내고 싶지가 않다. 자신이 사랑하는 이가 이 여자 때문에 감옥으로 가게 될까 봐 걱정스러운 것이다!

너무 드라마틱하다고? 그래야 마땅하다! 이것은 〈새로운 여명〉이라는 르완다의 인기 라디오 드라마 속 한 대목이니까. 드라마는 로미오와 줄리엣 풍으로, 서로 다른 부족 출신의 연인이 가족과 친구들의 불신 속에서 함께 나아갈 길을 찾는 줄거리다.

실제로 르완다에는 폭력으로 물든 아픈 역사가 있다. 1994년, 르완다 정부를 장악한 후투족은 대량 학살을 시작했다. 석 달 남짓한 기간에 투치족과 그 지지자 집단 80만 명 이상이 살해당했다. 이 종족 학살은 르완다에 크나큰 혼란을 남겼다. 그래서 후투족과 투치족의 사이는 이십 년이 훌쩍 지난 지금까지도 여전히 경직되어 있다.

〈새로운 여명〉의 등장인물들이 대놓고 후투족이나 투치족이라고 하지는 않지만, 드라마는 불신으로 갈라선 사람들의 이야기를 자못 섬세하게 그린다. 이는 결코 우연이 아니다. 〈새로운 여명〉은 2003년에 네덜란드 원조 단체에서 후원을 받아 제작되었다.

사람들은 드라마가 르완다 통합에 도움이 되기를 바랐고, 실제로도 꽤 많은 도움이 되고 있다.

프린스턴 대학교 교수인 벳시 레비 팰럭이 이 드라마 프로젝트 소식을 듣고 방송 효과를 연구하기 위해 르완다로 날아갔다. 팰럭은 이 드라마가 사람들의 믿음을 완전히 바꿔 놓았다고 말할 수는 없다고 한다. 실제로 사람들은 이 드라마를 듣고 난 뒤에도 상대 부족을 향한 불신을 고수했다. 그렇지만 행동에는 적으나마 변화가 생겼다. 이 드라마의 팬들은 자녀와 상대 부족 출신의 결혼을 고려해 볼 확률이 커졌으니까.

어쨌거나 팰럭은 드라마를 통해 사람들이 새로운 유형의 '정상'에 대해 생각해 보고, 더 나아가 새로운 유형의 미래를 보게 되었다고 믿었다.

고정관념 타파를 위한 대중문화 프로젝트는 〈새로운 여명〉만이 아니다. 유엔은 소말리아의 텔레비전 노래 경연 프로그램을 후원했다. 한때 공공장소에서의 노래를 금지한 소말리아 극단주의자들에게 맞서기 위해서였다.

2018년, 유엔은 로마니 여성의 삶이 어떠한지 보여 주는 VR 영화를 제작했다. 한때 집시라고 불렸던 로마니들은 지금도 유럽 전역에서 편견과 차별에 부딪힐뿐더러 난데없이 도둑으로 몰리기도 한다. 유엔은 사람들이 파트미라라는 로마니 여성의 삶을 VR로라도 체험하고 나면 조금이나마 고정관념이 바뀔 것이라고 기대한다.

## 세상을 움직이는 사람들의 힘

시내 거리를 행진하는 대열, 관공서를 점령하거나 스스로를 펜스에 묶는 사람들, 손으로 짠 분홍색 니트 모자(반(反)트럼프 시위에 연계해 진행되었던 여성 인권 프로젝트인 '푸시햇(PussyHat) 프로젝트'

의 상징. ─ 옮긴이), 직접 만든 팻말과 북소리.

세상에는 다양한 형태의 대규모 시위가 벌어지고 있다. 이들은 고정관념을 무너뜨리고 모두가 평등할 것을 주장한다.

- '흑인 생명도 소중하다' 운동은 미국 플로리다에서 한 자율 방범 대원이 비무장 상태의 열일곱 살 청소년 트레이번 마틴을 이웃들 앞에서 총으로 살해한 사건을 계기로 2013년에 시작되었다. 이 운동은 현재 미국 전역으로 번져 나가고 있다.

- '프라이드 퍼레이드'는 성 소수자의 평등을 촉구하는 시위 행렬로, 1970년에 시카고의 동성애자 해방 단체가 시작했다. 뉴욕에서 경찰이 게이 바를 급습한 것에 항의해 일어난 스톤월 항쟁 다음 해의 일이다. 현재 전 세계 수천여 곳에서 '프라이드' 행사가 열리고 있다.

- 2017년에 미국 대통령으로 도널드 트럼프가 당선되자 제1회 '여성 행진'이 열렸다. '여성 행진'은 미국 전역에서 5백만 명에 가까운 사람을 불러 모았고, 세계 여러 나라에서도 2백만 명이 동참했다. 시위 참가자들은 여성 인권, 이민법 개정, 건강 보험 개혁 및 인종 평등을 주장했다.

이들 시위를 통해 정치인들이 관심을 가지도록 압박하고, 대중에게 널리 알리고, 새로운 지지자들을 모을 수 있다. 과연 수백만 명의 행진으로 고정관념을 바꿀 수 있을까?

세상에는 고정관념의 변화를 막아서는 거대한 힘이 많이 있다. 대중 매체는 때때로 시위대를 범죄자로 묘사하고, 시위의 근본적인 이유를 밝히는 대신 재산 파손에 초점을 맞춘다.

이따금 현재 상태를 좋아하는 사람들도 있다. 혹시 "흑인 생명도 소중하다."라는 말에 "뭐, 생명은 다 소중하지."라고 빈정거리는 사람을 본 적이 있는가?

얼핏 타당한 말인 것 같기도 하다. '흑인 생명도 소중하다' 시위는 고정관념에 갇혀 혜택에서 제외된 소수를 위한 권리 운동이다. '우리 모두'가 이렇게 심각한 고정관념에 직면한 것은 아니기에, 엄밀히 말하면 이런 식의 얘기는 핵심에서 살짝 벗어난 것이라 할 수 있다.

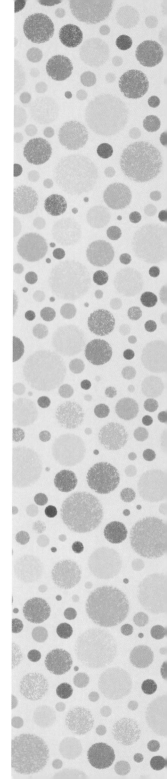

문제는 또 있다. 시위는 보통 당일에 끝난다. 다음 날이면 뉴스 보도에서 사라지고, 모두가 평소대로 학교와 직장으로, 자신의 일터로(그러니까 일상의 차별 속으로) 돌아간다.

우리가 당연하게 받아들이고 있는 생각이란 아주 까다로운 개념이다. 시위대가 사람들의 머릿속에서 일어나는 내면의 작용을 단박에 바꾸기란 쉽지 않다. 특정 시위가 고정관념을 실제로 변화시켰는지 밝혀내기란 더더욱 어렵다.

'흑인 생명도 소중하다' 운동은 편견을 조금이라도 극복할 수 있을까? 또, '여성 행진'은 성별의 틈을 좀 더 좁힐 수 있을까? 아마도 시간이 꽤 걸릴 것이다.

지난 수백 년 동안 인종과 성에 따른 평등성을 위해 싸워 왔다 해도 세상은 아직도 완벽하지 않다. 그렇지만 여러분 주위의 행동

가들은 우리가 해마다 평등에 더 가까이 다가서고 있다고 말할 것이다.

## 뉴스에는 프레임을 씌우지 말자

우리는 멋진 사진을 액자(프레임)에 끼운다. 근사한 예술 작품도 끼운다. 그렇다고 보도 기사를 프레임에 끼워도 될까?

뉴스 매체는 중립적이어야 한다. 양쪽 이야기를 모두 들을 필요가 있다. 그런데 언론은 '가끔 프레임을 씌워서' 어느 한쪽을 더 우호적으로 바라본다.

이다음에 어디선가 대규모 시위가 벌어지면, 보도 기사가 시위를 어떻게 다루는지 유심히 살펴보자.

- 시위의 원인을 다루는가? 아니면 참가한 군중이나 경찰의 반응 등 행사 그 자체를 다루는가? 기자들은 종종 행위에 초점을 맞춘다. 뉴스 시청자나 신문 구독자에게 시위의 배경을 꼭 알려 주지는 않는다.

• 누구를 인터뷰하고 있는가? 모든 관심이 경찰 대변인이나 정치인에게 쏠릴 때가 있다. 그러면 시위대는 관심에서 점차 멀어진다.

그렇다고 이 세상에 나쁜 뉴스만 있는 것은 아니다. 2014년의 '흑인 생명도 소중하다'의 첫 오프라인 집회에 관해 연구한 결과, 뉴욕과 세인트루이스의 여러 언론은 시위대를 평화롭고 우호적인 시선으로 보도했다. 뉴스가 소수 집단을(그리고 시위대를) 보도하는 방식은 앞으로 서서히 달라질지도 모른다.

## 감기처럼 번지는 부정적 고정관념

감기는 전염성이다. 기침도 전염성이다. 고정관념도 마찬가지다. 1장에서 우리는 권위주의적 지도자들의 방식을 보았다. 그들은 세상을 흑백으로, 우리 집단과 그들 집단으로 나누어 보며, 세상 사람들에게도 그렇게 하라고 부추긴다. 제2차 세계 대전은 끝났지만 그 리더십은 아직 끝나지 않았다.

강한 권력이 있는 지도자들은 여전히 본보기를 몇 개 정해 놓고 사람들에게 따르도록 한다. 과학자들이 '정서 전염'이라고 부르는 과정이다. 학교에서 복도를 지나고 있는데, 교장 선생님이 여러분을 향해 빙그레 미소를 지었다고 하자.

그날 오전은 평소보다 조금은 기분이 좋을 것이다. 왜인지는 정확히 깨닫지 못할지도 모른다. 다른 일을 하거나 다른 곳에 신경 쓰고 있을 때, 이렇게 전달받은 감정을 깨닫지도 못한 채 흡수하게 된다.

웃는 얼굴의 교장 선생님이 기분 좋은 감정을 전달하는 것은 좋은 일이다. 그런데 정치인이 외부의 소수 집단을 두고 비열한 말을 하는 것은 어떨까? 부정적인 고정관념이 전달될 수 있다.

이 때문에 과학자들이 유럽의 정치 지도자가 난민을 향해 격렬하게 분노하거나 미국 대통령이 이슬람교도에게 공개적으로 반감을 밝히는 걸 염려하는 것이다. 평범한 국민이 정치 지도자의 말을 듣고 부정적인 관념을 (깨닫지 못하는 사이에라도) 받아들이는 것은 얼마든지 가능하다.

2017년 1월, 알렉상드르 비소넷이 캐나다 퀘벡의 한 이슬람 사원에 무차별 총격을 가했다. 비소넷은 체포된 뒤 경찰과의 면담에서, 우연히 테러 공격 관련 뉴스를 보고 국가의 안위가 염려되었다고 말했다. 그때 미국 대통령 도널드 트럼프는 이슬람 이민을 제한하기 위해 입국 제한 조치를 발표했고, 캐나다 총리 쥐스탱 트뤼도는 이민자와 난민들을 환영할 것이라고 밝혔다.

그때 비소넷은 결심했다. 가족의 안전을 위해 스스로 이슬람 이

××× 후퇴하는 행진 ×××

환경 보호 운동가들은 집회를 열고 시위를 해 왔다. '벌을 살리자'고 외쳤고, '고기 없는 월요일' 같은 캠페인을 벌였다. 그런데 왜 우리는 모두 동참하지 않을까? 전 세계는 왜 전기차를 타지 않고, 유기농 식품만 먹지 않고, 전부 채식주의자가 되지 않을까?

거기에는 고정관념이 도사리고 있기 때문이다. 고정관념의 대상은 바로…… 환경 보호 운동가들이다! 2013년의 한 연구가 밝힌 바에 따르면, 사람들은 페미니스트들과 환경 보호 운동가들이 유별나고, 분노에 차 있고, 심지어 비열하다고 생각한다는 것이다.

이런 고정관념은 변화 의지를 가라앉힌다.

민자들에게 뭔가 조처를 하기로. 비소넷은 경찰에 이렇게 말했다.

"그들이 내 부모와 내 가족을, 그리고 나를 죽일 겁니다. 뭐든 해야 했어요."

그가 말한 '조처'는 비극적인 결말을 가져왔다. 알렉상드르 비소넷은 테러리스트들을 죽이지 않았다. 선량한 사람 여섯 명을 살해하고, 다른 이들에게도 치명상을 입혔다.

이것이 우연히 일어난 폭력 사건일까? 이 사건이 일어나고 몇 달 뒤, 언론과 연구자들은 고정관념과 정서 전염이 이 총기 난사 사건에 중요한 역할을 했음을 시사했다. 물론 확신할 방법은 없다. 더 많은 연구가 고정관념이 사람들 사이에 어떻게 퍼져 나가는지 탐구해야 할 것이다.

## 장애인이 장애를 용기로 증명해야 하는 사회

엘카피탄은 미국 요세미티 국립 공원을 굽어보는 바위산으로, 엠파이어스테이트 빌딩의 세 배에 달하는 높이로 우뚝 솟아 있다. 웬만한 등산가가 정복하는 데 사흘에서 닷새가 걸린다. 밤에는 절벽에 침낭을 매달아 거기서 자면서 버틴다.

일반적인 경우, 등산가들은 산에 오를 때 두 팔과 두 다리를 모두 동원한다. 마크 웰먼은 세계적인 등산가로 어린 시절부터 산에 올랐다. 프랑스령 알프스와 시에라네바다산맥의 험준하기로 이름 높은 정상을 정복했다. 그런데 1982년에 등반 사고로 허리 아래 하반신이 마비되고 말았다.

그렇지만 그 사고가 웰먼을 막지는 못했다. 1989년, 웰먼은 동료 등산가 마이크 코벳과 함께 엘카피탄 등정에 나섰다. 특수 제작한 장비를 장착하고 오직 팔의 힘으로만 몸을 끌어올렸다.

웰먼이 엘카피탄에 올랐다는 것은 턱걸이를 칠천 번 했다는 뜻이다. (웰먼은 쉬는 날에도 앉는 스키를 타고 시에라네바다산맥을 누비거나, 장애인 스키 미국 국가 대표들과 시합하거나, 또 요세미티 국립 공원 관리인으로 일하기도 했다.)

웰먼의 성취는 맞춤 등산 장비 시장에 큰 변화를 가져왔다. 곧

장비에 목줄과 도르래 원리가 적용되었고, 특수 고안한 패드와 의족이 활용되기 시작했다. 2017년, 국제 장애인 올림픽 위원회는 패러클라이밍을 올림픽 공식 종목으로 채택했다.

마크 웰먼은 한 번에 턱걸이 한 번씩으로, 다친 등반가에서 진취적인 운동 선수로 변신했다. 그리고 사람들이 당연한 것으로 받아들이던 생각을 변화시키는 데 힘을 보탰다. 그렇지만 장애가 있는 사람이 모두 극한 스포츠를 할 수 없고, 또 그래서도 안 된다.

사회는 때로 우리에게 다른 형태의 고정관념을 부추긴다. 장애가 있더라도 부단히 노력하면 장애가 없는 것과 똑같이 해낼 수 있다고 말한다.

이 말은 맞을 때도 있고 틀릴 때도 있다. 장애가 있어도 나름의 방식으로 강할 수 있으니까. 하지만 그걸 증명하기 위해 장애인이 산을 정복하게 해서는 안 된다.

# 우리 사회의
## 생각 프로그램 다시 짜기

## 제5장

이마를 열고 제어판 화면에 들어간 다음, 고정관념을 생성하는 프로그램 버그를 찾아 타이핑 몇 번으로 제거할 수 있다면 아주 멋지지 않을까?

그런데 안타깝게도 우리에게는 제어판이 없다. 우리에게 디버깅(프로그램에서 발생하는 문법 오류나 논리 오류를 찾아 바로잡는 과정. ─옮긴이)이 필요하다는 사실조차 깨닫지 못하는 사람도 많다. 우리는 아기 시절부터 고정관념을 받아들였고, 자라면서는 그 고정관념을 깊이 고민할 새가 없었다. 주류 집단에 속한 무리일수록 혜택에서 소외된 사람들

을 생각하기보다는, 자신에게 주어진 혜택을 그저 누리기 바쁘다.

그런데 천천히, 세상이 바뀌어 가고 있다. 최근 이십 년 사이에 과학은 선입견과 암묵적 편견이 우리 두뇌에서 작동하는 방식을 이해하기 시작했다. 그와 동시에 인종과 성 정체성, 성별에 따른 차별을 반대하는 캠페인이 우리에게 아직 세상이 평등하지 않다는 사실을 일깨웠다.

그렇다면 우리는 어떻게 나아질 수 있을까? 전 세계 곳곳에서 수백만 명의 사람들이 던지는 질문이다. 과학자들이 이제 대답하기 시작한 질문이기도 하다.

## 블라인드 오디션이 효과 빠른 만병통치약?

좋은 소식이다! 고정관념으로 다른 사람을 분류하지 않을 방법이 있다! 종이 상자를 가지고 다니다가 새로운 사람을 만나면 덮어쓰는 거다. 그러면 사람을 외모나 인종, 성별에 따라 판단할 일이 없다. 뭐라고? 말도 안 된다고?

그런데 이 얘기가 심포니 오케스트라에서는 통했다. 1969년, 더

블 베이스 연주자 아트 데이비스는 지역 오케스트라에서 활동하고 있었다. 이미 줄리어드 스쿨과 맨해튼 음악 학교에서 장학금을 받은 터였다. 텔레비전 프로그램에 출연한 경험도 있었다. 그런데 뉴욕 필하모닉 오케스트라는 오디션에서 데이비스를 거절했다. 아트 데이비스는 흑인이었고, 오케스트라 단원은 대다수가 백인이었다.

데이비스는 다른 지원자들과 기량을 순수하게 겨룰 수 있도록 스크린 뒤에서 하는 오디션을 제안했다. 하지만 그것도 거절당했다. 데이비스가 뉴욕 필하모닉 오케스트라를 법정에 세운 것은 바로 그때였다. 데이비스는 뉴욕 인권 위원회와 손잡고 소송을 제기했다.

뉴욕 인권 위원회에 따르면, 오케스트라의 관행은 거의 명백하

게 편향되었다. 공개 오디션을 통해 단원을 선발하지 않고, 친구를 넣어 주거나 현역 음악가의 추천을 받았다. 그렇지만 음악적 소양을 판단하기가 힘들어서 오케스트라가 차별했다는 걸 증명할 수가 없었다.

오케스트라들은 지원자와 심사 위원 사이에 스크린을 설치하고, 지원자의 발걸음 소리를 없애기 위해 바닥에다 카펫을 깔았다. 하이힐 소리가 지원자가 여성이라는 사실을 드러낼 수도 있기 때문이었다.

소송은 패했다. 데이비스는 실망한 나머지 십여 년간 연주가라는 직업을 그만두었다. 하지만 데이비스의 주장마저 묻힌 것은 아니었다. 스크린 뒤에서 치르는 오디션이라는 아이디어는 오케스트라 단원 선발 관행에 혁신을 가져왔다. 유색 인종뿐 아니라 여성에게도 길이 열렸다.

미국의 전형적인 시립 오케스트라에는 대략 백여 명 남짓한 단원이 있다. 1980년대까지 단원의 90퍼센트가 남성이었다. 지휘자들은 남성이 여성보다 음악적 재능이 뛰어나다고 주장했다.

1952년에 보스턴 심포니 오케스트라가 처음으로 오디션 지원자와 심사 위원 사이에 스크린을 설치한 뒤, 그로부터 이십 년이라는 시간이 흐르고서야(그사이에 데이비스의 소송이 관심을 불러온 뒤에야) 주류 오케스트라들이 보스턴 오케스트라의 뒤를 따르기 시작했다.

연구자들은 미국 8대 오케스트라가 1970년대 이후로 단원을
어떻게 고용했는지 살폈다.

### ×××치네케 오케스트라×××

영국의 치네케 오케스트라는 유럽 최초로 단원의 대다수가 흑인과 소
수 인종이다. 더블 베이스 연주자인 치치 느와나쿠가 설립했다. 느와나
쿠는 연주자로 경력을 쌓아 가던 중에 우연히 슈발리에 드 생 조르쥬이
라는 작곡가의 곡을 알게 되었다. 그는 프랑스 대농장 지주와 노예 여성
의 아들이었다.

'흑인 작곡가가 있다고?'

느와나쿠는 불현듯 영국 클래식 음악계에 다양성이 몹시 부족하다는
사실을 깨달았다.

관현악 활동은 학교 예산에서 제외되기 때문에 클래식 음악 수업을 듣
는 건 오직 중산층 백인 아이들이었다. 그 외에는 어려서 클래식 음악을
접하는 기회가 적었다. 무대에서 연주하는 소수 인종을 본 경우는 더더
욱 드물었다.

느와나쿠는 변화를 모색했다. 오케스트라 연주회를 열고, 비영리 재단
을 설립했다. 최근에는 청소년을 위한 주니어 오케스트라로 영역을 넓
혀 가고 있다.

스크린 설치 덕에 1차에서 최종 오디선까지 가는 여성 지원자가 50퍼센트나 늘어났다. 시간이 흐르면서 블라인드 오디선은 여성 단원의 수를 무려 25퍼센트가량 끌어올렸다.

그렇지만 블라인드 오디선이 다양성 문제를 완전히 해결한 것은 아니다. 미국의 경우, 오케스트라 단원의 4퍼센트만이 흑인 혹은 라틴계다. 영국에서는 단 2퍼센트만이 소수 인종 출신이다. 음, 블라인드 오디선이 효과 빠른 만병통치약은 아닌 것으로 보인다.

## 흰 가운 속의 편견

2장에 나온 브라이언 싱클레어 사례를 기억하는지? 캐나다 선주민인 싱클레어는 위니펙의 한 병원에서 사망했다. 그 병원 의료진은 싱클레어를 취객이거나 추위를 피해 들어온 노숙자로 잘

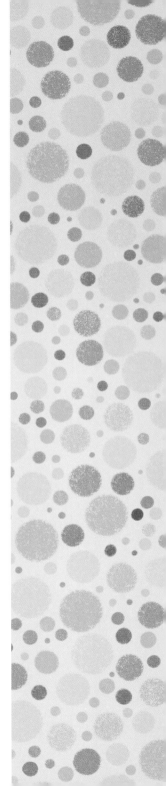

못 생각하고 말았다.

고정관념이 병원에서 일으키는 문제는 꽤 다양하다. 여성 환자는 혈전 치료를 받을 확률이 떨어진다. 미국에서 흑인 환자는 진통제를 받을 확률이 적다. 의사들은 꼭 의도하지 않고도 고정관념으로 환자들을 분류하며, 이는 결과적으로 환자 치료에 이런저런 영향을 미친다.

그렇지만 의료진은 과학자이기도 하다. 문제를 탐구하고 해결 방법을 찾는 방식을 안다. 전 세계 곳곳에서 많은 의사들이 병원 문전에서의 고정관념 문제를 근절할 방법을 연구 중이다. 그들은 차별을 막을 방법으로 크게 세 가지를 찾았다.

첫 번째로 의료진 교육을 강화한다. 이제 많은 의과 대학에서 학생들에게서 암묵적 편견을 지우려고 노력한다. 학생들은 수업 중에 IAT 검사를 한다. 또 환자에 대해 성급히 결론 내리는 일을 피할 수 있도록 진료할 때 머리를 맑게 유지하는 훈련을 한다.

그다음 방법은? 바로 환자를 교육하는 것이다. 편견은 결코 환자의 잘못이 아니다. 응급실에 들어선 환자가 편견을 알아차리는 법을 배운다면, 스스로 더 나은 치료를 요구할 뿐 아니라 더 많은 질문을 할 수 있다. 고정관념 위협의 존재를 깨닫게 하는 것은 자신을 위해 목소리를 내게 하는 데도 큰 도움이 된다.

차별에 대응하는 세 번째 방법은 더 흥미롭다. 절차를 개선하는 것이다. 응급실의 경우, 미처 놓치는 환자가 없도록 대기실의 환자를 간호사들이 이중으로 확인하게 하는 간단한 조치로도 가능하다. (이중 확인 방식은 위니펙 병원이 브라이언 싱클레어 사망 사건 이후에 개선한 절차 중 하나다.)

편견을 방지하는 데는 더 구체적인 방안도 있다. 2006년, 볼티모어의 존스 홉킨스 병원 의사들은 여성들이 혈전 용해제를 필요한 만큼 받지 못하는 경우가 많다는 사실을 알았다.

실제로 혈전 문제를 가진 여성의 45퍼센트가 진단을 받지 못했다. 혈전 이상이 여성에게 흔한 증상이 아니어서 의사들이 위험 징후를 놓치는 경우가 꽤 있었던 것이다.

존스 홉킨스 병원은 '의사 결정 보조 프로그램'을 만들었다. 환자가 응급실에 들어오면 컴퓨터 화면에 팝업으로 확인할 목록이 뜬다. 의료진이 전조 증상을 모두 확인하면(클릭, 클릭, 클릭!) 시스템이 처치 방안을 제시한다. 인간의 두뇌와 다르게, 컴퓨터에는 편견이 프로그램되어 있지 않다.

고정관념과 관련된 의료 문제라면 아직도 풀어야 할 숙제가 많다. 현재까지의 연구가 대부분 소규모 집단의 의사와 환자를 대상으로 이루어진 것이 한 예다. 대부분이 미국의 흑인 환자에게 초점이 맞추어져 있기도 하다. 선입견 치료를 위한 처방전이 필요한 사람과 장소는 여전히 아주 많다.


## 편견을 줄여 주는 간식 시간

"가석방 신청을 기각합니다!"

여러분이 판사라고 해 보자. 가석방 신청을 깊이 생각하지 않고 순간적으로 기각할 확률이 가장 높을 때는 언제일까? 여러분이 결정에 편견을 드러낼 확률이 가장 높을 때는? 점심시간 직전,

즉 몹시 피곤하고 배가 고플 때다. 어쩌면 편견을 줄이는 방법은 간식 시간처럼 아주 간단한 방법일지도 모른다!

물론 크래커와 치즈가 모든 편견과 차별 문제를 해결할 수는 없을 것이다. 그렇지만 사소한 수고가 편견에서 벗어난 결정을 내리는 데 도움이 될 수는 있다. IAT 검사는 사람들이 가진 줄도 모른 채 가지고 있는 암묵적 편견을 드러낸다. 이 검사의 연구자들은 편견을 낮출 수 있는 몇 가지 간단한 방법을 찾아냈다.

### 이미지 떠올리기

머릿속에 강인한 여성의 이미지를 떠올린 다음, 그 여성에 관해 잠시 생각하는 것이 성별에 기초한 편견을 줄인다.

### 주위의 인물 보기

2001년 뉴욕 대학교의 연구에 따르면, 널리 존

경받는 흑인의 사진을 보는 것이 인종에 기초한 편견을 줄인다.

### 짧게 명상하기

2015년의 한 연구에 따르면, 몇 분의 짧은 명상이 열린 태도를 유지하는 데 도움을 준다.

### 휴식 취하기

가석방을 기각하는 판사의 사례처럼 우리의 두뇌는 가끔씩 휴식이 필요하다. 우리는 배가 든든하고 머리가 맑을 때 더 나은 결정을 내린다. 이런 손쉬운 전략을 이용해 머릿속 편견에 주도권을 내주지 않고, 우리의 진짜 의도가 실린 신중한 결론을 내릴 수 있다.

안타깝게도, 이것의 효력은 일시적인 데다 이런 방법을 늘 쓸 수 있는 것도 아니다. 경찰서에 신고 전화를 했는데, 수화기 너머에서 이런 대답이 들린다고 생각해 보자.

"명상만 끝내고 바로 출동하겠습니다."

흠……, 그래서는 안 된다!

수술 중인 의사들이 오 분에 한 번씩 손을 놓고 강인한 여성상을 떠올리고 있을 수도 없고, 선생님들이 학생을 징계하기에 앞서 간식을 즐길 수도 없다. 일회성 방법도 좋지만, 우리에게는 고정관념을 떼어 낼 좀 더 영구적인 방법이 필요하다. 그리고 과학자들에게 그 '방법'이 있다는 사실이 밝혀진다…….

## 어쨌거나 만나서 반가워!

1장에서 소개한 교수 고든 올포트를 기억하는지? 올포트는 1954년에 출간한 《편견》에서 편견을 이렇게 생각했다. 사람은 동등하게 어울릴 때 서로에게 공통점이 있다는 것을 알게 된다. 모두가 똑같은 인간이라는 사실을 배우면서 자라게 되면 고정관념을 덜 가진다.

연구자들은 올포트의 의견을 받아들여 과학으로 이끌었다. 먼저, 올포트의 생각에 '접촉 가설'이라는 근사한 이름을 붙였다. 25개 나라에서 200건이 넘는 연구를 진행했으며, 9만 명을 대상으로 그들의 편견과 반응을 탐색했다. 그 결과는 이렇다. 집단 간

학급이나 축구팀에 서로 '다른' 친구가 한 사람도 없는 경우라면? 캐나다 맥길 대학교 연구자들에 따르면, 자신과 인종이 다른 친구들에 관한 책을 읽는 것 또한 선입견을 줄이는 데 도움이 될 수 있다고 한다.

의 접촉은 94퍼센트의 확률로 선입견을 줄였다.

좋은 뉴스다! 이제는 우리의 고정관념 문제를 해결할 수 있다. 우리에게 우리와 다른 사람들과 기꺼이 어울리겠다는 의지만 있으면 된다.

그런데 바로 이것이 까다로운 부분이다. 우리에게는 우리와 다른 사람이 아니라, 비슷한 사람과 어울리려는 경향이 있기 때문이다.

같은 학교이긴 하지만 잘 모르는 아이를 집으로 데리고 와서 자고 가라고 한 경험은 언제가 마지막일까? 아마도 그런 경험은 아예 없을 것이다. 듣기만 해도 불편하다! 그런데 같은 학교 동급생이 아니라 적대국 아이들과 하룻밤 내내 같이 놀아야 한다면? 여러분 가족이 모두 싫어하는 나라의 아이들과?

이스라엘의 유대인들은 종종 팔레스타인인이 폭력적이며 정직하지 못하다고 단정 짓는다. 반면에 팔레스타인인은 이스라엘의 유대인이 폭력적이고 호전적이며 비인간적이라고 생각한다.

그렇다면 상상해 보자. 해마다 '평화의 씨앗' 여름 캠프에 참여하기 위해 미국으로 가는 이스라엘과 팔레스타인 아이들은 어떤 기분일까? 캠프는 매년 분쟁 지역의 십 대 청소년 350명을 받아들인다. 참가자들은 미국 메인주 한가운데로 가서 분쟁 해결을 돕기 위한 조언을 받으며 하이킹을 하거나 카누를 탄다.

이 캠프의 목적은 참가한 아이들이 동등한 위치에서 어울림으로써 서로에게 공통점이 있다는 사실을 발견하라는 것이다. 캠프를 마친 뒤에는 그곳에서 배운 바를 널리 알리는 데 도움이 될 리더십 프로그램을 익혀서 돌아간다.

이 캠프는 과연 효과가 있을까? 캠프는 1993년에 시작되었고, 중동은 아직 안정적인 평화를 얻지 못했다. 캠프가 '미래'의 지도자와 '미래'의 목표에 초점을 맞추느라 현재의 평화는 불가능해

보이도록 만들었다는 비판도 있다. 몇몇 캠프 참가자가 고정관념 없애는 법을 배우는 것은 사회 전체의 고정관념을 없애는 방법으로는 턱없이 모자란다는 목소리도 있다.

그렇지만 시카고 대학교 연구자들이 밝혀낸 바에 따르면, 캠프에 참석한 어린이들은 새로 배운 열린 태도를 집으로 돌아간 뒤에도 오래도록 유지했다. 또 다른 연구에서는 캠프에 참가했던 아이들이 나중에 중동 평화를 위한 프로젝트 40개에 힘을 보탰다는 것을 확인했다.

어떤 변화가 기다리고 있을지 누가 알 수 있을까?


## 연습이 완벽함을 만든다

고정관념도 습관이라면? 손톱을 물어뜯는것과 똑같이? 우리의 편향된 두뇌에도 쓴맛 나는 연고를 발라서 고칠 수 있을까?

위스콘신 대학교의 퍼트리샤 더바인은 고칠 수 있다고 생각했다. 물론 연고를 바르는 것보다는 조금 더 복잡하다. 더바인은 사람들이 당연한 것으로 받아들이던 편향된 생각을 깨닫는 훈련 과정을 개발했다. 학생들은 편견을 피하기 위한 전략 다섯 가지를 배운다. 각 전략에는 현학적 이름이 붙어 있지만, 사실 굉장히 기본적인 개념이다.

### 고정관념 교체

자신이 언제 고정관념에 찬 행동을 하는지 깨닫는다. 왜 그런 행동을 하는지 파악하고, 다음에는 더 나은 방식으로 행동하려고 한다.

### 고정관념 뒤집기

머릿속에 성공한 흑인의 이미지를 떠올리며 그 사람에 관해 생각한다. 사회의 유명인사도 좋고, 주변의 이웃도 좋다.

### 개별화

사람을 집단으로 구분하지 않고 각자를 고유한 존재로 여긴다.

### 조망 수용

다른 사람의 관점에서 생각하려고 노력한다.

자신과 성향이나 취향이 다른 사람과 어울린다.

더바인의 과정을 거친 사람들은 IAT 검사에서 높은 점수를 받았다. 그리고 두 달 이상 좋은 점수를 유지했다. 더바인은 변화의 의지가 있을 때 자신의 편견을 알아차리는 법을 배우고, 그 편견을 바꿀 수 있으며, 또한 바꾼 시각을 오랫동안 유지할 수 있다는 것을 증명했다.

더바인은 첫 실험의 성공 이후로 미국 전역의 경찰 및 여러 단체와 협업하며, 자신의 연구 결과로 현실 세계를 변화시키기 위해 노력하고 있다.

## 입장 바꿔 생각해 봐

1914년, 캐나다의 여성 인권 운동가 넬리 매클렁이 매니토바주 위니펙의 워커 극장 무대에 섰다. 매클렁 앞에는 다른 여성들이 정부 관료로 행세하며 나란히 섰다.

한 여성이 남성도 자녀에 관해 동등한 권리를 가져야 한다고 주장했다.

"터무니없는 소리!"

정부 대표 행세를 하는 여성이 콧방귀를 뀌었다.

또 다른 여성이 남성도 재산에 관해 법적 권리를 가져야 한다고 주장했다.

"말도 안 되지!"

마지막으로 여성들이 남성도 투표권을 가져야 한다고 제안했

다. 주 총리인 넬리 매클렁은 즉각 거부했다.

"정치는 남성을 불안하게 합니다. 불안한 남성은 곧 불안한 청구서죠. 박살 나는 가구, 깨지는 서약, 그리고 이혼입니다."

관객들이 극장이 떠나가라 웃음을 터뜨렸다. 매클렁은 전날 투표권을 요구하는 여성 대표단을 물리쳤던 매니토바의 주 총리를 그대로 흉내 내고 있었다. 성 역할을 바꾸자 총리의 말이 얼마나 가당치 않은지 고스란히 드러났다.

매클렁의 퍼포먼스는 전국적으로 보도되었고, 그로부터 이 년 뒤에 매니토바는 캐나다에서 최초로 여성에게 투표권을 부여한 주가 되었다.

유머, 풍자, 허를 찌르는 작전은 고정관념과의 전투에서 요긴한 무기가 될 수 있다. 세계 곳곳의 운동가들은 이 무기를 활용해 중대한 결과를 만들어 왔다. 북미의 치페와 부족 출신 활동가인 '행운의 독수리 애덤'도 그렇다.

애덤은 이탈리아 로마에 도착해 비행기에서 내려섰다. 전통 복식 차림이었다.

"미국 인디언의 이름으로 '발견주의 원칙'(과거 서구 국가들의 신대륙 점령에 법적 근거를 제공했던 회칙으로, 새로 발견되는 땅의 소유

권은 발견한 국가에 귀속된다는 내용을 담고 있다.—옮긴이)에 준하여, 나는 여기서 이탈리아를 발견했음을 선언한다."

선언을 마친 애덤은 땅에 창을 꽂고 이탈리아가 자신의 나라임을 선포했다. 1973년 9월 24일의 일이었다. 물론 애덤이 정말로 이탈리아를 가지고 싶었던 것은 아니었다. 애덤은 사람들에게 크리스토퍼 콜럼버스와 그의 아메리카 대륙 발견을 기리는 것이 (이미 애덤의 선조라는 주인이 있던 그 대륙의 발견을 기리는 것이) 얼마나 터무니없는 일인지 보여 주고 싶었다.

이 퍼포먼스로 애덤은 뉴스의 머리기사에 실렸고, 이탈리아의 지오바니 대통령과 만났으며, 교황 바오로 6세와도 면담했다. 면담은 식민지화를 주제로 길게 이어졌다.

이 대담한 풍자로 애덤은 발견에 관해, 그리고 '주인 없는' 대륙에 관해, 무엇보다도 선주민에 관해 사람들이 당연한 것으로 받아들이고 있던 생각을 되돌아보게 했다.

풍자는 이렇듯 사람들에게 그릇된 생각을 깨닫도록 해 왔고, 오늘날에도 여전히 그런 역할을 담당한다. 다음번에 풍자극을 볼 기회가 있다면, 코미디언들이 예상되는 설정을 뒤집으며 우리의 고정관념이 얼마나 터무니없는지 보여 주는 방식을 눈여겨보자.

## 나랑 다른 사람들하고 어울리기

고정관념을 당장 치워 버리고 다른 문화를 받아들여야 할 타당한 이유가 있다. 바로 우리를 창의적으로 만들기 때문이다.

애덤 갈린스키는 컬럼비아 대학교 교수이자 연구자다. 그는 동료 연구자들과 함께 다양한 국적의 학생들을 추적했고, 다른 국적의 상대와 데이트한 학생들이 더 창의적인 쪽으로 변한다는 사실을 발견했다. 이들은 귀국한 뒤에 자기 사업을 시작하는 확률도 높았다.

2009년에는 이리저리 옮겨 다니며 사는 사람들의 창의성을 시험해 보기 위해 프랑스 교수 윌리엄 매덕스와 연구팀을 꾸렸다. 두 사람은 타국에 살고 있는 수백 명의 창의력을 살펴보았다. 관찰 결과, 사람들의 능력은 평균이었지만, 외국에서 산다는 경험이 사람들을 더 창의적인 문제 해결자로 만들었다.

연구자들의 추정에 따르면, 사람들은 새로운 언어를 말하고 새로운 방식으로 행동하고 새로운 문화에 적응해야 했던 과정을 통해 세상을 새로운 시각으로 보는 데 능숙해졌다. 이들은 창의력이 필요한 일이 생기면 자동으로 두 가지 이상의 관점으로 문제를 바라보았다. 이런 새로운 관점은 다른 분야에서도 유용할 수 있다.

과학 분야의 연구는 주로 같은 대학 내에서 이루어진다. 비슷한 문화와 배경을 공유하는 사람들이 함께 연구한다. 그런데 하버드 대학교의 연구진 리처드 B. 프리먼과 웨이 황의 연구에서 밝힌 바에 따르면, 서로 다른 문화권의 연구자들이 협업하는 과학 연구는 더 영향력 있는 결과를 낼 수 있다. 실제로 그런 연구의 결과는 더 자주 인용되었고 더 많은 과학자에게 인정받았다.

프리먼과 황은 여기에 두 가지 이유가 있다고 생각한다. 먼저 다양한 문화가 섞여 있는 환경 덕에 연구자들이 문제를 더 창의적인 방식으로 생각한다. 또 논문의 저자마다 다양한 후배 연구자

와 학생들이 있어서 더 많은 연구가 이어진다.

그러니까 창의력에 불을 붙이고 싶거나 사업을 더 영리하게 이끌고 싶다면? 과학 분야에서 성공하고 싶다면? 나와 다른 사람들과 어울리자.

## 280자에 담긴 선입견, SNS

280자 이내로 쓰는 선입견? 바로 트위터 같은 인터넷 플랫폼이 제공하는 선입견이다. SNS에는 노골적인 인종 차별주의가 넘치고, 사람들은 현실에서라면 절대로 용납되지 않을 말을 거리낌없이 한다. 이 때문에 소수 집단에 속하는 사람들이 컴퓨터 화면 앞에서 종종 무력감을 느끼게 된다.

2017년, 뉴욕 대학교 박사 과정의 한 학생이 인종 차별주의 표현의 기세를 꺾는 교묘하고도 새로운 방식을 시험했다. 케빈 멍거는 트위터에서 흑인을 비하하는 욕설 단어를 올린 계정을 231개 찾았다. 그런 다음 봇 프로그램(사람의 의도를 대행해서 자동화할 수 있는 프로그램.－옮긴이)을 사용해 다수의 가짜 계정을 만든 뒤, 팔로워를 사서 진짜 계정처럼 보이게 했다.

차별주의자들이 계정에 흑인 비하 단어를 올리면, 멍거는 곧 프로그램을 이용해 이런 메시지를 보냈다.

"그런 말로 남들을 괴롭힐 땐, 현실에 그 말로 상처받는 진짜 사람들이 있다는 걸 기억하세요."

프로필 사진이 흑인인 계정이나, 프로필 사진이 백인이지만 팔로워가 얼마 안 되는 계정에서 질책의 트윗을 보냈을 때는 아무런 영향이 없었다. 그런데 프로필이 백인이고 많은 팔로워를 거느린 계정에서 질책의 트윗을 보내면 인종 차별주의자들은 말을 조심했다. (1장에서 말했듯이, 우리는 모두 내집단에 속하기를 바란다. 멍거는 내집단의 기준을 높이는 법을 알아냈다. 인기 있어 보이는 구성원에게 기준을 세우도록 하는 것이다.)

백인 프로필에 팔로워가 많은 계정에서 질책을 받았을 때, 차별주의 계정의 욕설 표현은 그다음 주에 27퍼센트 감소했고, 그 뒤로도 낮은 수준을 유지했다.

트위터라는 우주는 무한한 가능성으로 들썩거린다.

## 구글 광고 취소

2017년에 펩시, 월마트, 스타벅스 등의 거대 그룹이 구글 페이지에 걸었던 자사의 광고를 취소했다. 뭐가 문제였냐고? 사람들이 이들의 광고가 인종 차별주의자가 득세하는 사이트와 유튜브 채널에 노출된다는 사실을 알아차렸던 것이다. 소비자들의 반발은 빨랐고, 그 반발은 구글에 매우 치명적이었다.

구글은 난데없이 큰 문제를 떠안았다. 구글의 방식은 수학적 계산을 토대로 가장 주목을 받을 곳에 다 광고를 노출하는 것이었다. 그러니 광고를 안전한 곳에, 즉 모욕적이거나 불쾌한 요소가 없는 사이트에 노출할 방법이 딱히 없었다.

구글은 비속어나 모욕적인 표현이 담긴 영상과 사이트를 걸러내는 새 프로그램을 부리나케 개발했다. 그러고는 광고주들에게 광고가 노출되는 사이트를 더욱더 엄격하게 통제하겠다고 약속했다.

과연 성공이었을까? 대형 광고주들이 얼마간 돌아오기는 했다. 그런데 문제는 잡음도 함께 돌아왔다는 것이다. 2018년의 CNN 보도에 따르면 300여 개의 광고가 인종 차별과 소아 성애를 부추기는 유튜브 채널에 노출되었다. 음……, 이런!


## 수백만 번의 작은 걸음이 모여야 고정관념이 달라진다

우리는 우리가 내집단의 구성원이 되고 싶어 하는 걸 안다. 강한 힘을 가진 지도자가 우리의 생각 방식을 바꿀 수 있다는 걸 안다. 우리가 사회로부터 끊임없이, 보이지 않게 영향을 받는다는 걸 안다. 우리가 아는 이것들을 모두 합하면 하나의 결론이 나온다. 바로 세상을 바꾸면 우리 뇌가 생각하는 방식도 바꿀 수 있다는 것!

1993년에 이탈리아 정부는 시의회 의원의 일정 비율을 여성에게 할당하는 법안을 통과시켰다. 더 많은 여성이 정치 요직에 도전하게 하려는 의도였다. 그렇지만 법안은 이 년밖에 지속되지 못했다. 이탈리아 대법원이 해당 법안에 불리한 판결을 내렸다.

이 상황은 과학자들에게 흔치 않은 기회가 되었다. 법안이 유효하던 이 년 사이에 시의원 선거가 치러진 도시도 있었고, 아닌 도시도 있었다. 그렇다면 여성에게 투표한 일이 도시에 따라서 고정관념과 선입견을 바꾸었을까?

바꾸었다! 과학자들이 증명한 바에 따르면 단 한 번의 시의원 선거에서 여성에게 투표하도록 강제한 것이 사람들의 행동 방식을 바꾸었다. 몇 년 뒤, 해당 도시의 사람들은 법이 사라졌어도 여전히 더 많은 여성 의원을 선출했다.

우리의 지도자들이 전 세계 모든 국가에서 차별에 반대하는 목소리를 높이면 어떨까? 모든 국가에서 소수 집단의 평등을 보장하는 법을 통과시킨다면?

1963년에 마틴 루터 킹 목사는 워싱턴 D. C.의 연단에 서서 이렇게 연설했다.

"나에게는 꿈이 있습니다. 언젠가 이 나라가 우뚝 서서, 건국의 신념을 진정한 의미에서 실현하는 꿈입니다. '우리는 다음을 진리로 받아들인다. 모든 인간은 평등하게 태어났다.'"

마틴 루터 킹 같은 지도자들은 사회를 바꾸는 데 도움을 준다. 연단 앞에 서지 않는 우리 역시 마찬가지다.

# 변화의 가능성은 아직 많다

동기 부여 방식이란 방법이 있다. 최신 운동법처럼 들린다. 어찌 보면 그렇기는 하다. 다만…… 생각을 위한 운동법이다.

고정관념을 타파하기 위해 과학자들이 찾은 방법에는 대부분 한 가지 공통점이 있다. 먼저 변화를 바라야 한다. 우리가 우리를 둘러싼 세계의 고정관념과 선입견을 알아차려야 한다. 우리 안에 숨은 편견을 깨달아야 한다. 그다음에는 달라지기 위해 노력해야 한다.

많은 일이 이미 진행 중이다. 미국 미주리주 세인트루이스의 경찰관들은 숨겨진 편견을 깨닫는 법을 배우고 있다. 존스 홉킨스 병원이 여성 환자의 혈전 진단 과정을 개선한 것처럼, 병원들은 새로운 정책과 절차를 시행 중이다.

르완다의 드라마 제작자들은 국민이 상대 종족의 입장을 공감할 수 있도록 돕고 있다. 오스트레일리아에서 스웨덴에 이르는 많은 국가에서 학교는 학생과 선생님 모두에게 편견에 관해 가르치고 있다.

개인인 우리가 할 수 있는 일들도 있다. 인종 차별적인 농담을 들은 적이 있을까? 누군가 기분 나쁜 이름으로 불리는 것을 들은 적은? 침묵을 지키거나 자리를 피하는 것은 쉽다. 그런 상황에서 무력감을 느끼기도 쉽다. 그렇지만 우리가 할 수 있는 일도 분명히 있다. 몇 가지를 소개한다.

### 약자 편에 선다

누군가 불쾌한 이름으로 놀림을 당하고 있을 때, 놀리는 아이한테 군이 대적할 필요는 없다. 놀림을 받고 있는 아이에게 다가가 눈을 맞추며 이야기하면 된다. 놀림받는 아이에게 여러분이 마음을 쓰고 있다는 점을 알리는 동시에, 놀리는 아이에게는 그 놀림이 적절하지 않다는 사실을 간접적으로 말하는 것이다.

### 도움을 청한다

누군가를 공격하는 일이 계속해서 벌어지는 것은 아무도 그 공격을 적절한 곳에 알리지 않았기 때문일 때가 있다. SNS에서라면 교활한 표현을 신고할 수 있고, 학교에서 벌어지는 사건은 담임 선생님이나 교장 선생님에게 알릴 수 있다. 사건이 심각하다면 경찰에 신고할 수도 있다.

### 여러 가지 활동을 한다

난민 지원 단체에서 봉사 활동을 할 수도 있고, 학교에 성차별이나 성적 정체성 차별에 반대하는 클럽이 있다면 가입해서 활동할 수도 있다. 지역 도서관 사서 선생님과 함께 다양성을 주제로 하는 코너를 만들 수 있고, 학교 컴퓨터실을 새로 꾸미자고 제안할 수도 있다.

### 직접 목소리를 낸다

상품이나 광고에 편견이 보인다면 기업에 편지나 메일을 보내자. 소수 집단을 보호하는 법에 의견이 있다면 정부 부처에 편지나 메일을 보낼 수도 있고, 평등을 위한 시위에 동참할 수도 있다.

### 시야를 넓힌다

접촉 가설을 기억하는지? 운동, 야외 활동, 취미 수업 등 다양한 과외 활동을 활용해, 우리와 다른 사람들과 어울릴 방법을 찾아보자.

사회의 변화는 급격하게 일어나지 않는다. 기적적으로 일어나지도 않는다. 수백만 번의 작은 걸음이 모여야 고정관념이 달라진다. 좋은 소식이라면? 작은 변화는 쉽다. 여러분도 이 책을 읽음으로써 몇 가지 작은 변화를 일으켰을 것이다!

새롭게 알게 되는 지식과 연구를 이용하고, 선입견에 반대하는 목소리를 높인다면, 우리는 아이들이 자라면서 '가나다'와 함께 고정관념을 배우지 않는 세상을 건설할 수 있을 것이다.

# 고정관념은 왜 생기나요?

**첫판 1쇄 펴낸날** 2023년 5월 31일
**2쇄 펴낸날** 2023년 10월 31일

**지은이** 타니아 로이드 치
**그린이** 드류 섀넌  **옮긴이** 김선영
**펴낸이** 박창희
**편집** 백다혜  **디자인** 김선미
**마케팅** 박진호 임선주  **회계** 양여진

**펴낸곳** (주)라임
**출판등록** 2013년 8월 8일 제 2013-000091호
**주소** 경기도 파주시 심학산로 10, 우편번호 10881
**전화** 031) 955-9020, 9021  **팩스** 031) 955-9022
**이메일** lime@limebook.co.kr  **인스타그램** @lime_pub
**홈페이지** www.prunsoop.co.kr

ⓒ라임, 2023
ISBN 979-11-92411-25-5 (44180)
     979-11-951893-8-0 (세트)

LESSON

03

기출독아

| | | |
|---|---|---|
| □ A as well as B | B뿐만 아니라 A도 역시 | 2017 지방직 9급 |
| □ a great number of | 다수의, 많은(=a large number of) | 2005 국회사무처 8급 |
| □ a heart of gold | 상냥한 마음[사람] | 2007 행정자치부 9급 |
| □ a rite of passage | 통과 의례 | 2005 국회사무처 8급 |
| □ a thousand | 수천의, 다수의, 무수한 | 2005 국회사무처 8급 |
| □ abide by | 준수하다, 따르다 | 2012 상반기 지방직 |
| □ above all | 특히, 무엇보다도 | 2015 서울특별시 9급 |
| □ accommodate to | ~ 에 맞추다 | 2018 인사혁신처 |
| □ according to | ~에 따르면, ~에 의하면 | 2015 서울특별시 9급 |
| □ account for | ~을 설명하다, ~의 이유를 밝히다, 차지하다 | 2006 중앙인사위원회 9급, 2005 국회사무처 8급 |
| □ act out | 본떠 행동하다(=copy) | 2004 행정자치부 9급 |
| □ a long face | 우울한(실망한) 얼굴 | 2014 안전행정부 9급 |
| □ all but | ~을 제외하고는 모두, 거의, 하마터면(=nearly, almost) | 2004 전북 9급 |
| □ all day and night | 24시간 내내 | 2004 경기도 교육행정직 9급 |
| □ all of a sudden | 갑자기(=suddenly, on a sudden, all at once, on[upon] the spur of the moment, abruptly) | 2004 행정자치부 9급 |
| □ amount to | ~에 이르다, 달하다(=add up to) | 2005 국회사무처 8급 |
| □ an army of | 한 떼의, 수많은 | 2005 국회사무처 8급 |
| □ apart from | ~외에는 | 2013 제1회 지방직 |

☐ apathetic to　　　　　～에 대해 냉담한

☐ arite of passage　　　통과의례

☐ as a result of　　　　～의 결과로서

☐ as good as　　　　　～에 충실한, ～에 충실하여, ～이나 마찬가지

☐ as hard as nails　　　피도 눈물도 없는, (사람이) 냉혹하다

☐ as is often the case　흔히 있는 일이지만

☐ as long as　　　　　～하는 한은, ～하는 동안은, ～하는 만큼,
　　　　　　　　　　　～하기만 하면(=so long as)

☐ as soon as　　　　　～하자마자

☐ as sure as　　　　　～와 마찬가지로 틀림없이

☐ aside from　　　　　～은 별문제로 하고, ～은 제쳐 놓고, 외에, ～을 제외하고

☐ asked out　　　　　재개하다

☐ associate with　　　～와 어울리다

☐ at a rate of　　　　　～의 속도로, ～의 비율로, ～의 값으로(=at the rate of)

☐ at bottom of the hour　매시 30분에

☐ at least　　　　　　적어도

☐ at loose ends of　　할 일 없는

☐ at normal times　　　평상시에

☐ at one time　　　　　한때, 일찍이, 동시에, 단번에

☐ at one time
　and another　　　이런저런 때, 이런저런 경우에

☐ at stake　　　　　　위태로운, 성패가 달려 있는

☐ at the discretion of　좋을 대로, 재량대로

| | | |
|---|---|---|
| ☐ at the expense of | ~의 희생으로 | 2012 행정안전부 |
| ☐ at top of the hour | 매 정시에 | 2019 지방직 9급 |
| ☐ attribute A to B | A는 B의 덕분(탓)이다 | 2019 제2회 서울특별시 9급 |
| ☐ avail oneself of | ~을 이용하다, ~을 틈타다 | 2000 법원서기보 |
| ☐ averse to | ~을 싫어하는 | 2018 인사혁신처 |
| ☐ be a contrast to | ~와 다르다 | 2001 행정자치부 9급 |
| ☐ be acquainted with | ~와 아는 사이다, ~를 익히 알다 | 2019 지방직 9급 |
| ☐ be addicted to | ~에 혹하다, ~에 빠지다, ~을 탐닉하다, ~에 중독되다 | 2003 행정자치부 9급 |
| ☐ be afraid of[that] | ~하는 것을 두려워하다 | 2004 경기도 교육행정직 9급 |
| ☐ be allowed to | ~하는 것을 허락받다 | 2019 제2회 서울특별시 9급 |
| ☐ be amazed at | ~에 몹시 놀라다, 놀라 자빠지다 | 2005 국회사무처 8급 |
| ☐ be anxious to do | 몹시 ~하고 싶어하다, ~하기를 갈망하다, 열망하다 | 2006 중앙선거관리위원회 9급, 2004 서울시 9급 |
| ☐ be apt to do | ~하기 쉽다, ~하는 경향이 있다 | 2003 행정자치부 9급 |
| ☐ be aware of | ~을 깨닫다 | 2019 서울특별시 9급, 2005 국회사무처 8급 |
| ☐ be beyond description | 이루 형용할 수 없다 | 2002 중앙선거관리위원회 9급 |
| ☐ be busy ~ing | ~하느라 바쁘다(동명사의 관용 표현) | 2019 지방직 9급, 2004 국회사무처 8급 |
| ☐ be changed into | ~로 바뀌다 | 2004 국회사무처 8급 |
| ☐ be close to | ~에 가깝다, ~에 접근해 있다 | 2005 국회사무처 8급 |
| ☐ be concerned about | ~에 대해 걱정하다, 염려하다 | 2004 국회사무처 8급 |
| ☐ be cognizant of | ~을 인식하다 | 2017 서울특별시 9급 |
| ☐ be content with | ~에 만족하다 | 2005 대구시 9급 |

□ be controlled by     ~에 의해 통제되다

□ be dependent upon     의존하다, 의지하다, ~에 좌우되다, 나름이다

□ be derived from     ~에서 유래하다

□ be due to     ~ 때문이다, ~에 기인하다

□ be faithful to     ~에 충실[성실]하다

□ be familiar with     ~에 익숙하다, ~에 정통하다

□ be finished with     ~을 끝내다

□ be geared to     (계획 · 요구 따위에) 맞추다, 맞게 조정하다

□ be given to     ~에 빠지다, 열중하다, ~하는 버릇[경향]이 있다

□ be immune to     ~에 영향을 받지 않다

□ be impatient of     ~을 참을 수 없다, 못 견디다, ~을 아주 싫어하다

□ be interested in     ~에 흥미를 갖다

□ be level     고저가 없다

□ be on friendly terms with     ~와 친한 사이이다

□ be on the verge[point, brink, edge, border] of ~ing

막 ~하려고 하다(=be about to do)

□ be protected against     ~으로부터 보호되다, 영향을 받지 않다

□ be responsible for     ~에 대한 책임이 있다

□ be subject to     ~을 받기[당하기] 쉽다, ~에 걸리기 쉽다, ~에 빠지기 쉽다

□ be suited to[for]     ~에 어울리다[적합하다], 맞다

□ be supposed to     ~하기로 되어 있다, ~할 의무가 있다

2000 행정자치부 세무직 9급

☐ be sure        확실히 하다, 유념하다, 확인하다

2004 행정자치부 9급

☐ be sure that        ~을 확신하다

2004 전북 9급

☐ be through        ~을 끝마치다, (시험에) 합격하다

2005 중앙인사위원회 9급, 2004 행정자치부 9급

☐ be through with        ~을 끝내다, ~와 끝내다, ~와의 관계를 끊다

2006 서울시 9급

☐ be tired of        ~에 싫증나다

2005 중앙인사위원회 9급

☐ be used to ~ing        ~하는 데에 익숙해져 있다

2003 행정자치부 9급

☐ be worth ~ing        ~할 가치가 있다

2019 제2회 서울특별시 9급, 2017 제2회 서울특별시 9급

☐ belong to        ~에 속하다

2005 중앙인사위원회 9급

☐ beef up        (조직·세력 등을) 강화하다, 보강하다, 증강하다

2005 대구시 9급

☐ before long        곧, 머지않아, 이윽고(＝soon)

2002 중앙선거관리위원회 9급

☐ blow down        불어 넘어[떨어]뜨리다, (보일러 속의 뜨거운 물을) 배출하다

2002 중앙선거관리위원회 9급

☐ blow up        불어 일으키다, 부풀리다, 폭파하다, 못쓰게 하다, 노하다, 화내다, 꾸짖다

2005 국회사무처 8급

☐ born out of wedlock        서출(庶出)의, 서출로 태어난(＝of parents who are not married)

2004 경기도 교육행정직 9급

☐ bound up with[in]        ~에 열중하여, ~와 밀접한 관계에

2016 인사혁신처 9급

☐ branch into        ~이 갈라져 나오다

2000 행정자치부 세무직 9급

☐ break down        (차 등이) 고장 나다, (질서·저항 등이) 무너지다

2018 제1회 지방직 9급

☐ break up with        ~와 헤어지다

2018 서울특별시 9급, 2004 서울특별시 9급

☐ break in        (도둑이) 침입하다, (사람을) 새로운 일에 길들이다, 익숙해지게 하다

2004 중앙선거관리위원회 9급

☐ breathe life into        ~소생시키다, ~에게 생기를 불어넣다

2002 중앙선거관리위원회 9급

☐ bring down        떨어뜨리다, 쏘아 잡다, 타도하다, (사람을) 파멸시키다, (물가를) 떨어뜨리다

2006 중앙선거관리위원회 9급

☐ bring on        (전쟁·질병 등을) 초래하다, 야기하다

2004 국회사무처 8급

☐ bring to light      빛에 내놓다, 알리다, 세상에 밝히다

2014 안전행정부 9급, 2000 행정자치부 9급

☐ brush up on      재검토하다, 복습하다, (기술·지식을) 더욱 연마하다, 솔로 닦다, 몸단장하다, 공부를 다시 하다

2002 중앙선거관리위원회 9급

☐ burst into tears      와락 울음을 터뜨리다

2001 법원서기보

☐ by accident      우연히

2006 중앙인사위원회 9급, 2000 법원서기보

☐ by and large      대체로(=on the whole, generally)

2006 서울시 9급

☐ by means of      ~의하여, ~을 써서, ~으로

2010 행정안전부 9급, 2000 법원서기보

☐ by no means      결코 ~이 아닌

2004 행정자치부 9급, 2002 중앙선거관리위원회 9급

☐ by oneself      자기 혼자서, 외톨이로, 혼자 힘으로, 자기 자신을 위하여

2004 전북 9급

☐ by the time      그때까지, (접속사적으로) ~할 때까지(는)

2003 행정자치부 9급

☐ by the way      그런데, 어쨌든, 아무튼

2001 인천시 9급

☐ by way of      ~을 경유하여, 거쳐서(=via)

2012 행정안전부 9급

☐ call a spade a spade      자기 생각을 그대로[숨김없이] 말하다

2004 서울시 9급

☐ call for      요구하다, 필요로 하다

2018 제2회 서울특별시 9급

☐ call it a day      ~을 그만하기로 하다

2006 중앙선거관리위원회 9급

☐ call off      (약속·예약 등을) 취소하다(=cancel)

2007 행정자치부 9급

☐ call the roll      출석을 부르다

2000 행정자치부 9급

☐ calm down      진정하다, 안정되다

2004 행정자치부 9급

☐ can have p.p.      ~였을 리가 없다(과거 부정)

2001 법원서기보

☐ care for      돌보다, 보살피다, 좋아하다, ~하고 싶어 하다

2017 지방직 9급 추가선발

☐ carried out      끝나다, 종료되다

2004 행정자치부 9급

☐ carry on      ~을 영위하다, 계속하다, 실행하다, 수행하다

☐ carry out      수행하다, 실행하다, 집행하다

2003 법원서기보

☐ cash a check      수표를 현금으로 바꾸다

2004 중앙선거관리위원회 9급

☐ catch a cold      감기에 걸리다(=take a cold, get a cold)

2005 대구시 9급

☐ catch on      인기를 얻다, 유행하다, 뜻을 깨닫다, 알아듣다, 이해하다, 터득하다

2013 서울특별시, 2002 중앙선거관리위원회 9급

☐ cease to exist[be]      없어지다, 죽다, 멸망하다

2004 경기도 교육행정직 9급, 2000 법원서기보

☐ center on      ~에 집중하다, ~이 중심이 되다

2005 국회사무처 8급

☐ charge A with B      A를 B라는 이유로 비난하다

2019 지방직 9급 숙어

☐ chip off old block      (부모와 아주 닮은) 판박이

2009 행정안전부 9급

☐ clear the air      상황이나 기분을 개선하다

2011 기상청

☐ combine A with B      A와 B를 결합하다

2018 인사혁신처

☐ come a long way      (사람·일이) 크게 발전[진보]하다, 기운을 차리다, 회복하다, 출세하다

2003 행정자치부 9급

☐ come aboard      승선하다, 배를 타다

2001 법원서기보

☐ come down with      (병)에 걸리다

2014 안전행정부 9급

☐ come see for yourself      직접 와서 구경해라

2009 행정안전부 9급

☐ come to an end of      ~이 바닥나다, 없어지다

2002 중앙선거관리위원회 9급

☐ come to terms with      (좋지 않은 일) 받아들이는 법을 배우다, 타협이 이루어지다

2009 행정안전부 9급

☐ come up with      ~을 따라잡다, 뒤따라가다, 제안하다, 공급하다

2019 제2회 서울특별시 9급

☐ come up with an idea      생각을 떠올리다, 생각해 내다

2013 안전행정부

☐ come with      ~에 부속되어 있다

2000 법원서기보 9급

☐ compared to      ~와 비교하여

2014 안전행정부 9급

☐ consist of      ~으로 구성되어 있다

2005 국회사무처 8급

| | | |
|---|---|---|
| ☐ contrast with | ~와 대조를 이루다 | 2017 인사혁신처 |
| ☐ contrary to | ~와는 달리, ~와는 반대로 | 2006 서울시 9급 |
| ☐ contribute to | ~에 기여하다 | 2005 국회사무처 8급 |
| ☐ cope with | ~에 대처하다 | 2016 서울특별시 9급 |
| ☐ creep into | ~에 몰래 다가[들어]가다, 살살 (남의 비위)를 맞추다 | 2000 법원서기보 |
| ☐ crop up | 불쑥 나타나다, 발생하다 | 2010 행정자치부 9급 |
| ☐ crowd out | 밀어내다 | 2000 법원서기보 |
| ☐ cut down | 베어 넘어뜨리다, 줄이다, 삭감하다, 깎다, 양을 줄이다 | 2003 법원서기보 |
| ☐ cut off | (통화·진로 등을) 가로막다 | 2005 중앙인사위원회 9급 |
| ☐ deliver a lecture | 강의하다 | 2004 경기도 교육행정직 9급 |
| ☐ depend on | ~에 달려 있다, ~에 좌우되다, ~에 의존하다, 믿다, ~ 나름이다 | 2019 지방직 9급, 2005 국회사무처 8급 |
| ☐ depending upon | ~에 따라(=depending on) | 2005 중앙인사위원회 9급 |
| ☐ devote oneself to | ~에 일신을 바치다, ~에 전념하다, ~에 빠지다, ~에 골몰[몰두]하다 | 2003 행정자치부 9급 |
| ☐ die down | 차츰 잦아들다 | 2013 제1회 지방직 |
| ☐ do away with | ~을 제거하다, 없애다, 폐지하다(=abolish, make away with, get rid of) | 2001 인천시 9급, 2000 행정자치부 세무직 9급, 2000 법원서기보 |
| ☐ do one's best | 최선[전력]을 다하다 | 2003 행정자치부 9급 |
| ☐ do well to do | ~하는 것이 좋다, 현명하다 | 2003 행정자치부 9급 |
| ☐ draw conclusions | 결론을 내리다 | 2006 중앙선거관리위원회 9급 |
| ☐ draw on | ~에 의존하다, ~에게 요구하다, ~을 참고로 하다 | 2005 국회사무처 8급 |
| ☐ draw up | 끌어올리다, 바치다, (문서를) 작성하다, 다가오다, 따라잡다 | 2003 법원서기보 |
| ☐ drink like a fish | 술고래처럼 술을 마시다 | 2000 행정자치부 세무직 9급 |

| | | |
|---|---|---|
| □ drop by | ~에 들르다, 다녀가다 | 2013 상반기 지방직 |
| □ drop out of school | 학교를 중퇴하다 | 2006 중앙인사위원회 9급 |
| □ due to | ~때문에 | 2006 중앙선거관리위원회 9급 |
| □ during one's lifetime | 일생 동안(=in one's lifetime) | 2006 서울시 9급 |
| □ dwell on | ~을 깊이 생각하다 | 2018 인사혁신처 |
| □ end up | ~으로 끝나다, 결론에 이르다 | 2014 안전행정부 9급, 2004 행정자치부 9급 |
| □ engage in | 참여하다, 개입하다 | 2017 인사혁신처 |
| □ engrossed in | ~에 몰두하다 | 2019 지방직 9급 |
| □ enhanced by | ~에 의해 향상된 | 2019 지방직 9급 |
| □ establish oneself | 자리 잡다, 들어앉다, 입신하다, 개업하다 | 2003 법원서기보 |
| □ except for | ~이 없으면, ~을 제외하고는(=but for) | 2005 중앙인사위원회 9급 |
| □ exposed to | ~에 노출된 | 2005 국회사무처 8급 |
| □ factored into | ~을 요인으로 포함하다 | 2008 행정안전부 9급 |
| □ fall down on | 실패하다 | 2004 서울시 9급, 2000 법원서기보 |
| □ fall off | (분리되어) 떨어지다, 분리[이탈]하다(from), 소원해지다, 작아[적어]지다, (수량·강도가) 줄다, 감소되다, (기운·흥미 따위가) 없어지다, (체력·기력 따위가) 쇠퇴하다, (질이) 저하되다, (장사가) 불황이 되다 | 2004 서울시 9급 |
| □ far from | ~에서 멀리(에), 전혀 ~이 아닌, ~이기는커녕 | 2000 법원서기보 |
| □ feed on | ~을 먹고 살다, ~을 주식으로 살다 | 2004 국회사무처 8급 |
| □ figure out | 이해하다(=understand), 해결하다, 계산해서 합계를 내다, 총계 ~이 되다 | 2006 중앙인사위원회 9급, 2000 행정자치부 9급 |
| □ find one's way | 길을 찾아가다, 도달하다(to), 애써서 나아가다, 들어가다, 나가다 | 2000 법원서기보 |
| □ flush out | 변기에 물을 내리듯이 씻어 내리다(=wash out) | 2003 행정자치부 9급 |

□ for one　　　　　　한 예로서, (나) 개인으로서는

□ for oneself　　　　자기를 위하여, 스스로, 자기 힘으로

□ for sale　　　　　팔려고 내놓은, 판매중인

□ for the sake of　　～을 위하여(=for one's sake)

□ from place to place　여기저기, 이리저리, 곳에 따라

□ from year to year　매년, 해마다

□ get around　　　　여기저기 돌아다니다

□ get cold feet　　　겁이 나다

□ get in　　　　　　들어가다, (비·빛 등이) 새어들다, 차에 타다, (기차·비행기 등이) 도착하다, ～을 차에 태우다, 거두어들이다

□ get in the way　　방해가 되다

□ get inspired by　　～에 영감을 받다

□ get into　　　　　～에 들어가다, (차에) 타다, (직무·일 등에) 종사하다, 시작하다

□ get left　　　　　버림받다, 패배당하다

□ get one's way　　바라던 것을 얻다, 마음대로 하다, 제멋대로 하다, 자기 길을 가다

□ get over　　　　　극복하다, 이겨내다, (병 등에서) 회복하다, (슬픔 등을) 잊다

□ get rid of　　　　～을 제거하다

□ get stuck in　　　～에 빠지다, ～ 때문에 꼼짝 못하다, (일이나 교통정체 등으로) 꼼짝 달싹 못하다

□ get through　　　완수하다, 전화 연락을 하다

□ give A a hand with B　B로 A를 도와주다(=help A with B)

□ give in　　　　　항복하다, (마지못해) 동의하다

□ give rise to　　　～이 생기다

□ give up
단념하다, 포기하다, 버리다, 양보하다, 그만두다
(=quit, stop, abandon)

□ go along
(활동 등을) 계속하다

□ go around
이리저리 다니다, 순회하다

□ go beyond
초월초과하다

□ go on a diet
식이 요법을 시작하다, 다이어트를 시작하다

□ go out
(이성과) 교제하다, 나다니다, 사귀다

□ go out for a walk
산보하러 나가다

□ go right
잘되다

□ go through
통과하다, ~을 뚫고 지나가다

□ go[be] hand in hand
서로 협력하다, 동반하다, 함께 가다

□ grab 목적어 by the 신체부분
신체부분을 잡다

□ graduate from
~을 졸업하다

□ hand in
제출하다(=submit)

□ hand in hand
손에 손을 잡고, 협력하여, 동반하여

□ hang over
뒤덮다, 남아 있다, 연기되다, 미해결인 채로 남다, 다가오다, 계속되
다, 잔존하다

□ hang up
전화를 끊다

□ have a fit
발작[경련]을 일으키다, 졸도하다

□ have a fit of
~이 북받치다

□ have a hard time
혼이 나다, 욕보다, 고초를 겪다, 곤란을 겪다

□ have a strong stomach
비위가 강하다

□ have an abhorrence of
~을 몹시 싫어하다

□ have an effect on    ~에 영향을 미치다, 효과를 나타내다(=influence, affect)

□ have difficulty (in) ~ing   ~하는 데 어려움을 겪다

□ have faith in      ~를 믿고 있다, 신앙하다

□ have no alternative but to+동사 원형

~하지 않을 수 없다(=cannot but+동사 원형, cannot help ~ing, have no alternative to+동사 원형, there is nothing for it but to+동사 원형, cannot avoid ~ing, cannot keep from ~ing, cannot help but+동사 원형, cannot choose but+동사 원형, have no choice but to+동사 원형, have no other way but to+동사 원형)

□ have no desire to    ~할 의욕이 없다, ~할 욕망이 없다

□ have no objection    이의가 없다

□ have nothing to do with   ~와 관계가 없다

□ have only to do    ~하기만 하면 되다

□ have respect for    ~을 존중하다

□ have something to do with   ~과 관련이 있다, ~와 관계가 있다

□ have the initiative    주도권을 쥐다

□ head for      ~으로 향하다, 나아가다

□ head off      차단하다, 저지하다

□ hitting the ceiling    (몹시 화가 나서) 길길이 뛰다

□ hold back     ~하기를 망설이다

□ hold down     억압하다, 억제하다

□ hold on      계속하다, 지속하다, 견디다, 지탱하다, (전화를) 끊지 않고 두다[기다리다], 그만두다

□ hold up      견디다

□ hold your horses   (명령문으로 쓰여) 흥분부터 하지 말라[잠깐 생각을 먼저 해 보아라

□ how come ~?     어째서?, 왜?

| | | |
|---|---|---|
| ☐ How do you like ~? | ~은 어때? | 2000 법원서기보 |
| ☐ if anything | 어느 쪽이냐 하면, (그렇기는커녕) 오히려, 아무튼 | 2004 전북 9급 |
| ☐ if only | 다만 ~만이라도, 단지 ~만 하면 (좋겠는데) | 2004 국회사무처 8급 |
| ☐ I'm so flattered | 과찬의 말씀입니다. | 2008 하반기 지방직 9급 |
| ☐ in a minute | 곧, 즉각, 당장 | 2006 서울시 9급 |
| ☐ in a sense | 어떤 의미로 | 2014 서울시 9급, 2004 국회사무처 8급 |
| ☐ in addition | 게다가 | 2014 안전행정부 9급, 2006 중앙인사위원회 9급, 2000 법원서기보 |
| ☐ in advance of | ~에 앞서서, ~보다 나아가서[진보하여] | 2004 경기도 교육행정직 9급 |
| ☐ in case of | ~의 경우에는(=in the event of) | 2019 지방직 9급, 2005 중앙인사위원회 9급 |
| ☐ in charge (of) | ~을 맡고 있는, 담당의 | 2014 안전행정부 9급, 2002 행정자치부 9급 |
| ☐ in comparison with[to] | ~와 비교해 볼 때(=compared with) | 2004 중앙선거관리위원회 9급 |
| ☐ in compliance with | ~에 따라, ~에 순응하여 | 2014 안전행정부 9급, 2002 행정자치부 9급 |
| ☐ in contrast with[to] | ~와 대조를 이루어, ~와는 현저히 다르게 | 2013 안전행정부, 2004 경기도 교육행정직 9급 |
| ☐ in hindsight | 그리고 나서 보면 | 2017 서울특별시 9급 |
| ☐ in honor of | ~에게 경의를 표하여, ~을 기념하여, ~을 축하하여 | 2005 대구시 9급 |
| ☐ in line with | ~와 일직선으로, ~와 조화되어, ~에 순응하여, ~에 따라 | 2005 중앙인사위원회 9급 |
| ☐ in no time | 곧(=very soon, very quickly) | 2004 행정자치부 9급 |
| ☐ in no way | 결코 ~이 아니다(=never, by no means, on no terms, on no account, not by any means, not in the least, not at all, under no circumstances) | 2004 행정자치부 9급<br>2004 국회사무처 8급 |
| ☐ in one's day | 한창때에는 | 2005 국회사무처 8급 |
| ☐ in one's lifetime | 일생 동안 | 2000 행정자치부 세무직 9급 |
| ☐ in one's own right | 자기의 명의로, 자기(본래)의 권리로, 부모에게 물려받은 | |

☐ in one's shoes     ~의 입장이 되어, ~를 대신하여

☐ in practice     실제 문제로서, 실제로 연습을 계속하여, 숙련되어, (의사·변호사 등이) 개업하여

☐ in response to     ~에 반응하는

☐ iron out     다림질하다, 원활하게 하다, 해결하다

☐ in spite of     ~에도 불구하고, ~을 무릅쓰고(=despite)

☐ in terms of     ~의 말로, ~ 특유의 표현으로, ~에 의하여, ~으로 환산하여, ~에 관하여, ~의 견지에서, ~의 점에서(보면)

☐ in the air     (계획 따위가) 막연한, 미정[미결] 상태인

☐ in the belief that     ~라고 믿고[생각하고]

☐ in the case of     ~에 관해서는, ~에 관하여 말하면(=as regards)

☐ in the end     마침내, 결국, 마지막에는

☐ in the long run     결국(=in the end), 마침내, 긴 안목으로 보면

☐ in the middle of     ~의 도중에, ~의 한복판에

☐ in the way of     ~의 점에서는, ~에게 유리한 입장에서, 방해가 되어, ~의 버릇이 있어서

☐ in themselves[itself]     이런저런 때, 이런저런 경우에

☐ in this light     이런 측면으로, 이런 관점에서

☐ in turn     차례로, 번갈아

☐ in vain     헛되이

☐ ingratiate oneself     잘 보이도록 하다

☐ instead of     ~ 대신에

☐ introduce into sth     (~속에)넣다

☐ It was not until A that B     A하고 나서야 비로소 B했다

□ It's needless to say that

2005 중앙인사위원회 9급

~은 말할 필요도 없다(=It goes without saying that)

2014 안전행정부 9급

□ jump on the bandwagon　우세한 편에 붙다; 시류에 편승하다

2005 중앙인사위원회 9급

□ keep A from ~ing　A가 ~을 못하게 하다(=prevent, abstain)

2019 지방직 9급

□ keep abreast of　~에 뒤지지 않게 하다, (소식이나 정보를) 계속 접하다

2019 지방직 9급

□ keep away from　~에 가까이 하지 않다

2004 중앙선거관리위원회 9급

□ keep one's fingers crossed　(성공·행운을 비는 동작으로) 가운뎃손가락을 굽혀서 집게손가락에 포개다(=cross one's fingers)

2006 서울시 9급

□ keep one's shirt on　(보통 명령형으로) 냉정해라, 화내지 마라.

2014 제1차 순경, 2000 법원서기보

□ keep order　질서를 유지하다

2019 지방직 9급

□ keep ~ under control　~를 통제하다, 억제하다

2004 행정자치부 9급, 2000 행정자치부 세무직 9급

□ keep up with　(사람·시류 등에) 뒤떨어지지 않다, 서로 엇비슷하다, ~와 (편지 등으로) 접촉을 유지하다, 교제를 계속하다

2001 법원서기보

□ key A to B　A를 B에 맞추다

2004 경기도 교육행정직 9급

□ know ~ by heart　~을 암기하다

2006 중앙선거관리위원회 9급

□ know better than to do　~할 만큼 어리석지 않다

2004 경기도 교육행정직 9급

□ know the score　진상[내막]을 알다, 세상새[세상의 이면]를 알고 있다

2014 서울시 9급, 2006 중앙선거관리위원회 9급

□ later on　나중에, 추후로

2004 중앙선거관리위원회 9급

□ laugh off　웃어넘기다, 일소에 붙이다, 진지하게 듣지 않다

2018 서울특별시 9급

□ lays over　머물다, 덮어씌우다

2004 국회사무처 8급

□ lay the foundation　기초를 세우다

2004 행정자치부 9급

□ lay young[egg]　새끼[알]를 낳다

2005 중앙인사위원회 9급, 2004 국회사무처 8급

□ lead to　(결과 등이) ~이 되다, ~의 원인이 되다

2005 중앙인사위원회 9급

□ lean on　~에 기대다, ~에 의지하다

□ learn by rote | ~을 기계적으로 암기하다

□ lest ~ should | ~하지 않도록, ~하면 안 되니까(=for fear ~ should, in case ~ should)

□ let alone | ~은 말할 것도 없이

□ let down | 실망시키다

□ let go of | (쥐고 있던 것)을 놓다, ~에서 손을 놓다

□ let off | 발사하다

□ let on | (비밀을) 말하다, 누설하다

□ let up | 약해지다, 느슨해지다

□ let's call it a day | 하루의 일을 마감하다, 마치다, 끝내다

□ lie in | ~에 있다

□ like[in] a flash | 순식간에, 눈 깜짝할 사이에

□ live out | 삶을 이어가다

□ live through | ~을 겪다

□ lock away | (자물쇠를 채워) ~을 간수해 두다, ~을 비밀로 해 두다

□ long before | 아주 오래 전에
cf. before long 머지않아 곧, 얼마 후, 이윽고

□ look (like) oneself | 평소와 다름이 없는 모습이다, 여느 때처럼 건강해 보이다

□ look after | 돌보다, 보살펴 주다, ~에 주의하다

□ look away | 눈길을 돌리다, 얼굴을 돌리다

□ look down on[upon] | 낮추어 보다, 경멸하다, 냉담하다

□ look forward to | ~을 기대하다, ~을 즐거운 마음으로 기다리다
(=expect)

□ look out for | 경계하다, 조심하다

| | | |
|---|---|---|
| ☐ look through | 대강 훑어보다, ~을 통해 보다, ~을 충분히 조사하다, 간파하다, 뱃속을 알아채다 | 2000 행정자치부 세무직 9급 |
| | | 2006 서울시 9급 |
| ☐ lose one's shirt | 무일푼이 되다 | 2003 행정자치부 9급 |
| ☐ lose track of | ~을 놓치다, ~와 접촉이 끊어지다 | 2013 안전행정부 9급, 2004 국회사무처 8급 |
| ☐ lose weight | 몸무게를 빼다 | 2019 제2회 서울시 9급, 2014 서울시 9급, 2005 중앙인사위원회 9급 |
| ☐ make a decision | 결정하다(=take a decision) | 2013 상반기 지방직 9급, 2005 국회사무처 8급 |
| ☐ make a difference | 차이가 생기다, 효과가 있다, 중요하다, 차별을 두다 | 2019 제1회 서울특별시 9급 |
| ☐ make a face | 얼굴을 찌푸리다, 침울한 표정을 짓다 | 2005 대구시 9급 |
| ☐ make a fire | 불을 지피다, 불을 피우다(=build a fire) | 2004 경기도 교육행정직 9급 |
| ☐ make a fuss over[of] | ~을 칭찬하다, 치켜세우다 | 2019 제1회 서울특별시 9급 |
| ☐ make a living | 생계를 꾸리다 | 2003 행정자치부 9급 |
| ☐ make a point of | 반드시 ~하다, 주장하다, 강조하다, 중시하다 | 2013 안전행정부 9급, 2006 중앙인사위원회 9급, 2001 법원서기보 |
| ☐ make an effort | 노력하다, 애쓰다 | 2000 행정자치부 9급 |
| ☐ make any[no] difference | 상관이 있다[없다], 중요하다[하지 않다] | 2018 제1회 지방직 9급 |
| ☐ make do with | ~으로 임시 변통하다, 때우다 | 2014 서울시 9급, 2005 국회사무처 8급 |
| ☐ make for | ~쪽으로 가다, ~을 공격하다, ~에 이바지하다 | 2006 중앙선거관리위원회 9급, 2000 행정자치부 세무직 9급 |
| ☐ make friends with | ~와 친해지다, ~와 친구가 되다 | 2017 제1회 지방직 9급 |
| ☐ make it a rule to 부정사 | ~하는 것을 습관으로 하다 | 2006 중앙인사위원회 9급 |
| ☐ make little of | ~을 깔보다, 거의 이해하지 못하다 | 2000 법원서기보 |
| ☐ make much of | ~을 중요시하다, 귀여워하다 | 2001 행정자치부 9급 |
| ☐ make provision for | ~을 위한 준비를 하다 | 2000 행정자치부 세무직 9급 |
| ☐ make room for | ~을 위해 자리[장소, 길]을 비키다[만들다], 자리를 양보하다 | |

2013 상반기 지방직 9급, 2005 국회사무처 8급

☐ make sense      이치에 닿다, 뜻이 통하다, 말이 되다, 이해할 수 있다

2004 경기도 교육행정직 9급

☐ make the grade      가파른 비탈을 오르다, 어려움을 이겨내다, 성공[합격]하다, 노력해서 (~을) 얻다

2014 안전행정부 9급, 2011 행정안전부 9급

☐ make up      화장하다, 화해하다

2006 중앙선거관리위원회 9급, 2000 법원서기보

☐ make up for      ~을 보상하다, 벌충하다, 만회하다(=compensate for)

2005 국회사무처 8급, 2001 법원서기보

☐ make up one's mind      결심하다, 결단을 내리다, (체념하고) 인정하다, 각오하다

2000 행정자치부 9급

☐ make use of      ~을 이용하다

2004 경기도 교육행정직 9급

☐ many years from now      앞으로 수년 후

2004 서울시 9급

☐ mark down      적어 놓다, 표를 하다, 값이 내린 정가표를 달다, 점수를 주다

2014 안전행정부 9급, 2011 행정안전부 9급

☐ make out      (의문문에 쓰여) 지내다[해 나가다]

2011 행정안전부 9급

☐ make over      양도하다, 변경하다, 다시 하다, (아이를) 지나치게 애지중지 하다

2004 행정자치부 9급

☐ may have p.p.      ~을지도 모른다(과거의 가능성)

2006 중앙인사위원회 9급

☐ mean to      ~을 의도하다, ~할 작정이다, ~하려 하다

2000 법원서기보

☐ meet with      경험하다, 맛보다, (불의의 사태 등을) 만나다, 당하다, (우연히) 만나다, (약속하고) 만나다, 회견하다, 회담하다

2013 제1회 지방직

☐ motion sickness      멀미

2013 서울특별시

☐ much less      하물며 ~은 아니다

2001 법원서기보

☐ name for      ~의 이름을 따서 이름을 짓다, 명명하다

2005 중앙인사위원회 9급

☐ never fail to do      늘[반드시, 틀림없이] ~하다

2006·2005 중앙인사위원회 9급

☐ never[not] ~ without ~ing      ~하지 않고 ~하는 일은 없다, ~하기만 하면 꼭 ~하다

2019 제1회 서울특별시 9급

☐ no doubt ~      분명 ~ 할 것이다

2000 행정자치부 9급

☐ no ~ so A as B      B만큼 A한 ~은 없다

2004 서울시 9급

☐ no less ~ than      ~못지않게, ~와 마찬가지로

□ no more than                                                                            

2014 안전행정부 9급, 2002 중앙선거관리위원회 9급

□ no more than           단지, 겨우(=only)

2006 중앙인사위원회 9급, 2004 중앙선거관리위원회 9급

□ no sooner A than B    A하자마자 B하다(=the moment[as soon as] A, B)

2000 행정자치부 9급

□ not A but B              A가 아니라 B

2004 국회사무처 8급, 2004 서울시 9급

□ not only A but also B   A뿐만 아니라 B도 역시

2001 인천시 9급

□ not so much A as B     A라기 보다는 오히려 B(=more B than A)

2004 서울시 9급

□ not surprisingly       놀랄 일이 아니듯(=It is not surprising that ~)

2012 상반기 지방직 9급

□ not to mention        ~은 말할 것도 없고, 물론이고

2014 서울시 9급, 2004 국회사무처 8급

□ nothing ～ more than  ~에 지나지 않다(부정어 ~ 비교급 than : 최상급 구문)

2001 법원서기보

□ nothing like           ~에 미치는 것이 없다, ~와는 거리가 멀다

2004 국회사무처 8급

□ nothing+비교급+than  ~보다 더 ~한 것은 없다(최상급의 뜻)

2014 안전행정부 9급, 2004 전북 9급

□ of all time           고금을 통하여, 전무후무한

2013 제1회 지방직

□ off hand             준비없이, 즉석에서

2007 행정자치부 9급

□ off the wall          특이한, 약간 미친

2004 국회사무처 8급

□ of value             귀중한(=valuable)

2005 중앙인사위원회 9급

□ on a first-come-first-served basis   선착순으로, 순번대로

2004 국회사무처 8급

□ on a regular basis    규칙적으로, 정기적으로, 꾸준하게

2014 서울시 9급, 2001 법원서기보

□ on business          사업상, 업무상

2004 경기도 교육행정직 9급

□ on one's hind legs    뒷다리로 서서, 결연한 태도로

2004 행정자치부 9급

□ on one's[the] way to   ~로 가는 도중에

2013 안전행정부 9급, 2014 서울시 9급, 2001 인천시 9급

□ on purpose          일부러, 고의로(=intentionally)

2002 행정자치부 9급, 2001 법원서기보

□ on the contrary      그와는 반대로, 이에 반해서

□ on the face of it     보기에는

□ on the fence     애매한 태도를 취하는, 결정하지 못하는

□ on the occasion of     ~을 맞이하여

□ on the spot     즉석에서(현장에서)

□ on[at] one's[the] doorstep     면전에서, (집) 근처에서, (자신이) 할 수 있는 범위에서

□ one another     서로(=each other, mutually)

□ one by one     하나씩 하나씩

□ one's eyes are bigger than one's stomach
    (다 먹지도 못하면서) 욕심을 부리다, 과욕을 부리다

□ open an account     거래를 시작하다, (은행에) 계좌를 개설하다, 트다

□ originates from     기원하다, 비롯되다. 생기다

□ out of focus     초점이 맞지 않아, 흐릿하게

□ out of the blue     갑자기, 청천벽력으로, 뜻밖에, 불시에

□ out of the question     불가능한(=impossible) *cf.* out of question 의심의 여지가 없는

□ out of wedlock     혼외의

□ outside of     ~의 바깥쪽에, 밖에, 밖으로

□ over the counter     (특히 약이) 처방전없이 살 수 있는

□ over the course of     ~동안

□ owe A to B     A를 B에게 돌리다, A는 B 덕분이다

□ owing to 명사     ~로 인해

□ participate in     참석(참여)하다

| | | |
|---|---|---|
| | | 2001 행정자치부 9급 |
| ☐ pass for | ~로 통하다 | |
| | | 2001 법원서기보 |
| ☐ pass through | 통과하다, 지나가다, 횡단하다, 빠져나가다[나오다], (학교의) 과정을 수료하다, 경험하다, 당하다, 꿰뚫다, 관통하다 | 2017 지방직 9급 추가선발 |
| ☐ passed over | 방해하다 | |
| | | 2003 행정자치부 9급 |
| ☐ pay attention to | ~에 주의를 기울이다, ~에 유의하다 | |
| | | 2013 안전행정부 9급, 2006 중앙인사위원회 9급 |
| ☐ pick up | 집어 들다, (차량에) 태우다 | |
| | | 2014 안전행정부 9급 |
| ☐ play a good hand | 능란한 솜씨로 노름하다; 멋진 수를 쓰다 | |
| | | 2006 중앙인사위원회 9급, 2004 서울시 9급 |
| ☐ play a part | 역할을 하다(in), 행동을 꾸미다, 가장하다, 시치미 떼다 | |
| | | 2019 제1회 서울특별시 9급 |
| ☐ play havoc with | ~을 아수라장으로 만들다,~을 혼란시키다 | |
| | | 2014 안전행정부 9급 |
| ☐ pore over | ~을 자세히 조사하다 | |
| | | 2019 지방직 9급 |
| ☐ preoccupied with | (어떤 대상이나 생각에) 사로잡힌, ~에 집착하는 | |
| | | 2013 제1회 지방직, 2000 행정자치부 세무직 9급 |
| ☐ prepare for | ~을 준비하다 | |
| | | 2001 법원서기보 |
| ☐ prior to | ~이전에, ~에 앞서, ~보다 중요한 | |
| | | 2013 제1회 지방직 |
| ☐ push oneself | (~하도록)스스로를 채찍질하다 | |
| | | 2005 중앙인사위원회 9급 |
| ☐ put ~ into effect | ~을 시행[실시]하다, 효력을 발생하다 | |
| | | 2002 행정자치부 9급 |
| ☐ put A through to B | 전화로 A를 B에게 연결시켜 주다 | |
| | | 2004 경기도 교육행정직 9급 |
| ☐ put forward | 제출하다, 제언하다, 주장하다, 촉진하다, 눈에 띄게 하다, 천거하다 | |
| | | 2017 인사혁신처 |
| ☐ put on hold | 보류하다 | |
| | | 2013 안전행정부 9급 |
| ☐ put out | (불 등을)끄다 | |
| | | 2002 행정자치부 9급 |
| ☐ put together | 조립하다, 모으다, 합계하다 | |
| | | 2002 행정자치부 9급 |
| ☐ put up | 건물을 짓다, 제출하다, 나타내다, 계속하다, 저장하다, 게시하다 | |
| | | 2017 인사혁신처, 2003 행정자치부 9급 |
| ☐ put up with | ~을 참다, 견디다(=endure, bear, tolerate, stand) | |

| | | |
|---|---|---|
| | | 2003 법원서기보 |
| □ put weight on | ~에 무게를 두다 | |
| | | 2012 행정안전부 9급 |
| □ queue up | 줄을 짓다 | |
| | | 2005 국회사무처 8급 |
| □ raise oneself | 발돋움하다, 출세하다 | |
| | | 2014 서울시 9급, 2006 서울시 9급 |
| □ rather than | ~라기 보다는 | |
| | | 2013 안전행정부 |
| □ read out | ~을 소리 내서 읽다 | |
| | | 2018 서울특별시 9급 |
| □ refers to | 나타내다, 언급하다, 지칭하다 | |
| | | 2003 법원서기보 |
| □ refer to A as B | A를 B의 이름으로 부르다[칭하다] | |
| | | 2005 중앙인사위원회 9급 |
| □ reflect on | ~을 심사숙고하다, 곰곰이 생각하다(=contemplate, meditate on, ruminate on, dwell on[upon], ponder on[over]) | |
| | | 2005 국회사무처 8급 |
| □ regardless of | ~에 상관없이 | |
| | | 2004 국회사무처 8급 |
| □ remind A of B | A에게 B를 생각나게 하다[상기시키다] | |
| | | 2006 중앙선거관리위원회 9급, 2003 법원서기보 |
| □ result in | 결국 ~이 되다, ~으로 끝나다(=bring about) | |
| | | 2019 제2회 서울특별시 9급, 2006 중앙선거관리위원회 9급 |
| □ rule out | ~을 제외하다, 배제하다(=exclude) | |
| | | 2000 행정자치부 세무직 9급 |
| □ run across | 우연히 만나다 | |
| | | 2001 인천시 9급 |
| □ run against | ~에 충돌하다, ~와 우연히 만나다, ~에게 불리하다 | |
| | | 2000 법원서기보 |
| □ run aground | 암초에 부딪히다, 뛰어 돌아다니다 | |
| | | 2004 서울시 9급 |
| □ run away | 가버리다, 떨어지다, 도망치다, 미련 없이 떠나다, 가출하다 | |
| | | 2000 행정자치부 세무직 9급 |
| □ run out | (시간 등이) 다 흘러가다, 다 지나다 | |
| | | 2004 행정자치부 9급, 2001 법원서기보 |
| □ run out of | ~이 바닥나다, 떨어지다, ~을 탕진하다, ~을 다 써 버리다, 추방하다 | |
| | | 2017 서울특별시 9급 |
| □ run off with | ~을 훔쳐 달아나다 | |
| | | 2017 지방직 9급, 2000 행정자치부 세무직 9급 |
| □ run over | (차가 사람이나 물건을) 치다 | |
| | | 2008 하반기 지방직 9급 |
| □ sail out | 출항하다 | |

☐ scratched the surface of    ~의 겉만 핥다, 문제의 핵심까지 파고들지 않다

☐ see (to it) that    ~하도록 마음 쓰다, 배려하다, 조치하다, 꼭 ~하게 하다

☐ see eye to eye (with)    ~와 견해가 일치하다

☐ see off    ~을 전송[배웅]하다

☐ sell like hot cakes    불티나게 팔이다, 날개 돋친 듯이 팔리다

☐ send (a person) for    ~을 데리러 (사람을) 보내다, 주문해서 보내게 하다, ~하라고 말하다

☐ set off    출발하다, 떠나다, 일으키다, 유발하다, 시작하다

☐ set out    (일에) 착수하다, 시작하다, 출발하다, 길을 떠나다, 제시하다, 설명하다

☐ should have p.p    ~했었어야 했는데(과거에 이루지 못한 사실에 대한 후회나 유감) (=ought to have p.p.)

☐ show up    (예정된 곳에) 나타나다

☐ shun away from    ~을 회피하다

☐ simply because    ~라는 이유만으로

☐ sit down under    (멸시·대우 등을) 순순히 받다, 감수하다

☐ sleep on[upon, over] a question    (문제를) 하룻밤 자며 생각하다

☐ slope off    살며시 나가다

☐ slow down    늦추다, (자동차 등의) 속력을 떨어뜨리다, 속도가 떨어지다

☐ smoke like a chimney    담배를 많이 피우다

☐ snuff the candle    심지를 끊다

☐ so that    ~하기 위해(서), ~하도록

☐ sound like    ~처럼 들리다

☐ speak out    용기를 내어 말해 버리다, 터놓고 말하다, 거리낌 없이 말하다, 큰소리로 이야기하다

☐ speed up                속도를 더하다, 가속화하다(=accelerate), 능률을 올리다

☐ spell out                판독하다, 철자를 말하다, 생략하지 않고 전부 쓰다.

☐ spend[waste]＋목적어＋(in) ～ing     ～하면서 시간을 보내다

☐ spend＋목적어＋on＋명사     (명사)에 (목적어)를 쓰다, 소비하다

☐ spring back              되튀다

☐ stabilized by           ～에 의해 안정된

☐ stand by               지지하다, 돕다, 편들다, 곁에 있다, 대기하다, (약속 등을) 지키다

☐ stand on[upon] ceremony    격식을 차리다

☐ stand out               두드러지다

☐ stands up for          ～을 옹호하다

☐ stave off              비키다, 피하다, 간신히 모면하다

☐ step into my shoes      내 입장이 되어봐라

☐ stick one's nose in(to something)    ～에 쓸데없이 참견하다

☐ stir up               ～을 선동하다, 일으키다, 잘 뒤섞다, 분발시키다

☐ store up              저장하다, 쌓아두다

☐ storm out             (성내어, 난폭하게) 뛰어 나가다

☐ strike a balance        균형을 유지하다

☐ substituted for         대신하는

☐ such as               ～와 같은, ～할 정도의 ; 예컨대, 이를테면 ; ～한 사람[물건]

☐ suffer from           (병 등을) 앓다

☐ sum up               요약하다(＝summarize)

2005 국회사무처 8급
☐ take office 취임하다

2009 상반기 지방직 9급
☐ take the bull by the horns 문제에 정면으로 맞서다, 용감하게 위험에 맞서다

2017 제2회 서울특별시 9급
☐ turn to 의지하다

2014 안전행정부 9급. 2004 국회사무처 8급
☐ take part in ~에 참가하다(=participate in)

2002 중앙선거관리위원회 9급
☐ take thought of ~에 대해서 생각하다

2000 행정자치부 9급
☐ take time 시간을 보내다, 시간을 할애하다

2013 서울시 9급. 2004 전북 9급
☐ take up 들어 올리다, 손에 집어 들다, 주워 올리다, 체포하다, 구인하다, (차에) 태우다, (손님을) 태우다, 싣다, 흡수하다, 녹이다, (시간·장소 등을) 차지하다, 잡다, 끌다, 집중시키다, 시작하다, 종사하다, 취임하다, 과제로 삼다, 처리하다, (끊어진 이야기의) 뒤를 잇다, 응하다, (빚을) 청산하다(=pay off), (집·숙소를) 정하다, 충돌하다, (테이프 등을) 감다

2014 안전행정부 9급. 2001 행정자치부 9급
☐ take＋시간＋~ing ~하는 데 시간이 걸리다

2005 중앙인사위원회 9급
☐ talk the same language 남과 말이 통하다, 호흡이 맞다, 남과 생각이 같다
(=speak he same language)

2000 법원서기보
☐ tell A from B A와 B를 구별하다

2001 행정자치부 9급
☐ tell on 영향을 미치다, 잘 듣다, 즉효가 있다, 절실히 느끼다

2004 중앙선거관리위원회 9급
☐ That'll be the day 그렇게 된다면야. 설마 (그럴 수 있을까). 그런 것은 (도저히) 믿을 수 없다.

☐ the best of both worlds 두 가지 상이한 것의 각각의 장점, 일거양득

2002 행정자치부 9급
☐ the line of least resistance 최소 저항선, 가장 쉬운[편한] 방법

2004 중앙선거관리위원회 9급
☐ the name of the game 중요한 일, 요점

2005 중앙인사위원회 9급
☐ the other way around 거꾸로, 반대로

2005 중앙인사위원회 9급
☐ the parties concerned 이해관계자, 당사자

2005 국회사무처 8급
☐ the present day 현대

2005 중앙인사위원회 9급
☐ the thought of ~ing ~한다는 생각

2000 법원서기보
☐ think ahead of ~보다 앞서 생각하다

☐ tie the knot 인연을 맺다, 결혼하다(=marry)

☐ to a large[great] extent 대부분은, 크게, 상당한 정도로, 상당 부분

☐ to name a few 두서너 가지 예를 들자면

☐ to tell the truth 사실은, 사실을 말하자면(=truth to tell)

☐ to the detriment of 결국 ~을 해치며

☐ to the point 요령 있는, 적절한(=to the purpose ↔ off the point, beside the point 요점을 벗어난)

☐ turn down 접다, 개다, (가스·불꽃·소리 등을) 줄이다, 거절하다(=reject, refuse), 접히다, 내려가다, 쇠퇴하다

☐ turn into ~에서 ~이 되다

☐ turn out ~을 생산[제조]하다, 입증하다, ~으로 판명되다

☐ turn up 모습을 나타내다, 뜻밖에 나타나다(=show up, appear)

☐ under the influence 과음한 상태에서

☐ up to ~까지(에), ~에 이르기까지, (대개 부정문·의문문에서) (일 등을) 감당하여, ~을 할 수 있고, 나름인, 의무인

☐ up-to-the-minute 가장 최근의

☐ upside down 거꾸로, 뒤집어서

☐ used to do ~하곤 했었다(과거의 습관적 동작)

☐ wear the pants 아내가 남편을 깔고 뭉개다, 주장하다, 남자 노릇을 하다, 왕초 노릇을 하다

☐ when it comes to ~에 관해서는, ~의 면에서는, ~할 경우가 되면, ~할 때가 되면

☐ wide of the mark 얼토당토않은, 빗나간(=beside the mark)

☐ with regard to ~과 관련하여, ~에 대하여

☐ with regard to ~에 관하여

☐ win a prize              상을 타다(=gain a prize, carry off a prize, take a prize)

☐ wind up                마무리 짓다

☐ work on                ~관해 연구하다

☐ worry about            ~에 대해 걱정하다

☐ would sooner A than B    B하느니 보다는 차라리 A하고 싶다

☐ year following year       해마다

❶ They own a house in France _____ a villa in Spain.

❷ _____ the pilots' strike, all flights have had to be canceled.

❸ We'll _____ a respectable result in tomorrow's match.

❹ We _____ check out of the hotel by 11 o'clock.

❺ I must _____ my French before I go to Paris.

❻ Johann would _____ the gallery to listen to the singers.

❼ The length of time spent exercising _____ the sport you are training for.

❽ Everyone went _____ Scott and Dan.

❾ She _____ her job and started writing poetry.

❿ They _____ finding a replacement.

⓫ _____ other recent video games, this one isn't very exciting.

⓬ You probably picked up my keys_____ yours.

⓭ After a few days of phoning Stephanie, he knew her number _____.

⓮ Don't worry, I'll _____ the kids tomorrow.

⓯ We will _____ her vast experience.

⓰ You make it sound as if I did it _____!

⓱ You can't go in that old shirt — it's _____.

⓲ Toby _____ from home at the age of 14.

⓳ Gerald will open the debate and I will _____.

⓴ I _____ the good weather to paint the shed.

㉑ _____ computers, I'm out of my element.

㉒ It took _____ time and effort.

㉓ Can you _____ your movements on that night?

㉔ _____ there was a loud banging on the door.

㉕ Iceland is getting wider _____ about 0.5 cm per year.

㉖ He _____ being caught by the police.

㉗ She _____ how little food I eat.

㉘ Your pay _____ how much you produce.

㉙ Are you _____ this type of machine?

㉚ The airline is legally _____ the safety of its passengers.

㉛ _____ a large crowd had gathered outside the building.

⑫ The printing machines are always _____.

⑬ It is _____ certain that the game will take place.

⑭ Keep your feet dry so you don't _____.

⑮ As long as you _____ , we'll be happy.

⑯ They walked _____ in silence up the path.

⑰ He said that he had _____ with the decision.

⑱ Wait here. I'll be back _____.

⑲ We went out _____ the rain.

⑳ Each of us _____ had to describe how alcohol had affected our lives.

㉑ Police searched _____ for the missing gunman.

㉒ We're keeping _____ that she's going to be OK.

㉓ I can't eat all of this — I'll finish it _____.

㉔ You put up the tent and I'll make _____.

㉕ He made _____ an old fisherman.

㉖ Read this and tell me if it _____.

㉗ I'm saving money on a _____.

㉘ I'd like to eat out, but _____ I should be trying to save money.

㉙ She tried to _____ what he was saying.

㉚ All the arrangements should be completed _____ your departure.

㉛ The law requires equal treatment for all, _____ race or religion.

㉜ We walked along the beach, _____.

㉝ Mr Hill took a _____ Clara.

㉞ We're thinking of _____ to the mountains.

㉟ Who's taking _____ the dog while you're away?

㊱ To get the plant out of the pot, turn it _____ and give it a gentle knock.

㊲ I always _____ my daughter.

㊳ Max is hardworking, cheerful, and _____ honest.

㊴ All of _____ the lights went out.

㊵ The village hall is maintained by an _____ volunteers.

㊶ As _____ she entered the room, she knew there was something wrong.

㊷ She has been absent from work _____ illness.

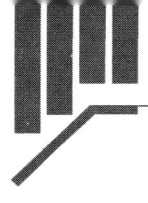

# Q&A 정답

| | |
|---|---|
| 1 as well as | 2 As a result of |
| 3 be content with | 4 are supposed to |
| 5 brush up on | 6 creep into |
| 7 depends on | 8 except for |
| 9 gave up | 10 had difficulty in |
| 11 In comparison to | 12 instead of |
| 13 by heart | 14 look after |
| 15 make use of | 16 on purpose |
| 17 out of the question | 18 ran away |
| 19 sum up | 20 took advantage of |
| 21 When it comes to | 22 a great deal of |
| 23 account for | 24 All at once |
| 25 at a rate of | 26 was afraid of |
| 27 is concerned about | 28 is dependent upon |
| 29 familiar with | 30 responsible for |
| 31 Before long | 32 breaking down |
| 33 by no means | 34 catch a cold |
| 35 do your best | 36 hand in hand |
| 37 nothing to do | 38 in a minute |
| 39 in spite of | 40 in turn |
| 41 in vain | 42 our fingers crossed |
| 43 later on | 44 a fire |
| 45 friends with | 46 makes sense |
| 47 regular basis | 48 on the other hand |
| 49 pay attention to | 50 prior to |
| 51 regardless of | 52 side by side |
| 53 fancy to | 54 taking a trip |
| 55 care of | 56 upside down |
| 57 worry about | 58 above all |
| 59 a sudden | 60 army of |
| 61 soon as | 62 due to |

MEMO

MEMO

# 수험서 전문출판사 **서원각**

목표를 위해 나아가는 수험생 여러분을 성심껏 돕기 위해서 서원각에서는 최고의 수험서 개발에 심혈을 기울이고 있습 니다. 희망찬 미래를 위해서 노력하는 모든 수험생 여러분을 응원합니다.

공무원 대비서

취업 대비서

군 관련 시리즈

자격증 시리즈

동영상 강의

# 서원각과 함께하는
# 공무원 시험대비

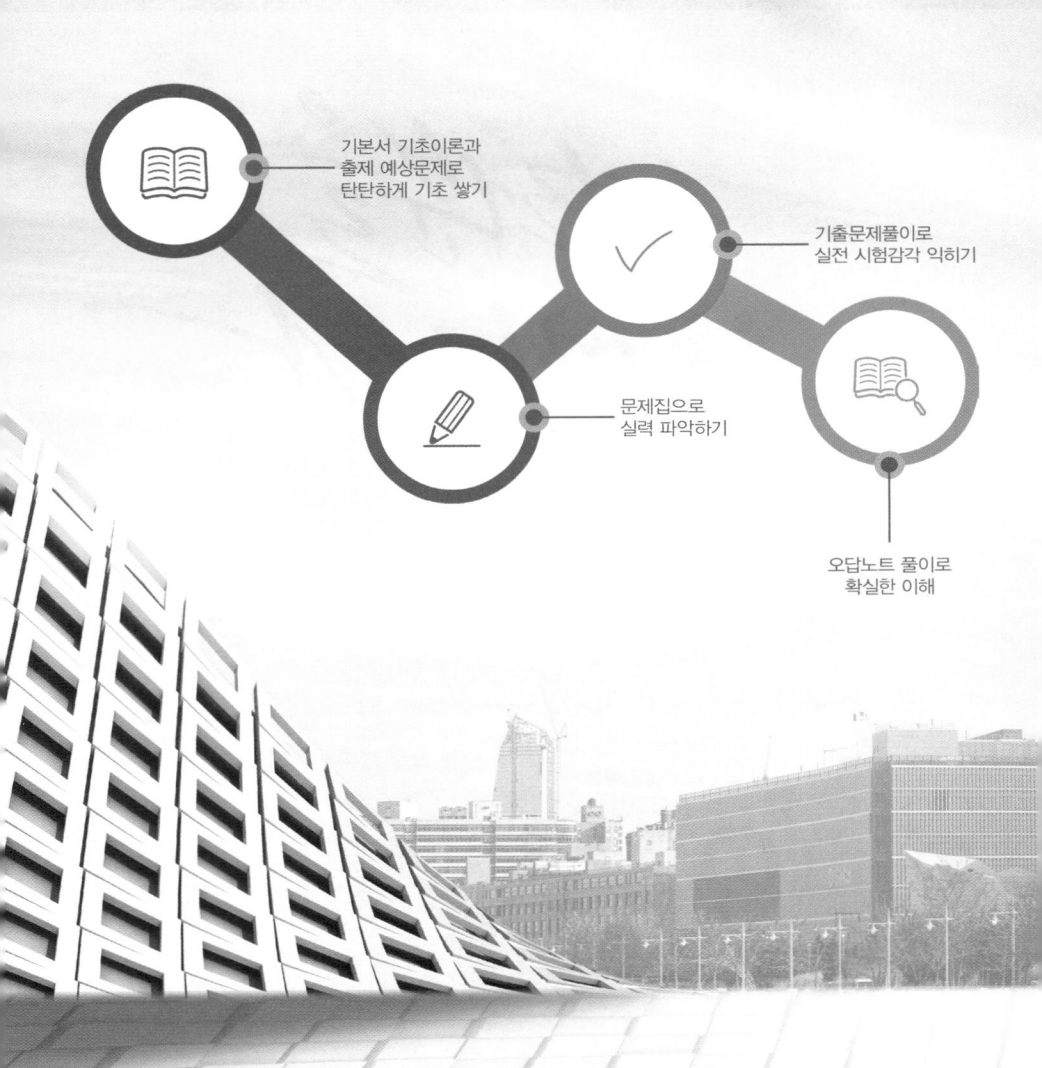

기본서 기초이론과
출제 예상문제로
탄탄하게 기초 쌓기

기출문제풀이로
실전 시험감각 익히기

문제집으로
실력 파악하기

오답노트 풀이로
확실한 이해

서원각 공무원 시리즈

**기본서**
- 파워특강
- (직렬별)전과목 총정리

**문제집**
- 필통(반드시 시험에 통하는)
- 빅데이터

**기출문제집**
- 최근 10개년 기출문제
- 최근 5개년 기출문제
- (직렬별)기출문제 정복하기

산더출판 BEST SELLER